Margery (Gred)

Un conte du vieux Nuremberg (Volume 5)

Georg Eber

(Traducteur : Clara Bell)

Writat

Cette édition parue en 2024

ISBN : **9789359943244**

Publié par
Writat
email : info@writat.com

Contenu

CHAPITRE PREMIER. ....- 1 -

CHAPITRE II. ....- 10 -

CHAPITRE III. ....- 20 -

CHAPITRE IV. ....- 28 -

CHAPITRE V. ....- 37 -

SIGNETS DE L'EDITEUR ETEXT : ....- 43 -

CHAPITRE I.

La Diète Impériale à Nuremberg ! L'Avènement Impérial !

Le lendemain, Leurs Majestés devaient entrer dans la ville, et avec elles mon Hans.

Un messager avait apporté la nouvelle, et maintenant nous devons faire preuve de toute diligence ; Ann, Elsa et moi, avec vingt et une autres, avions été choisies parmi toutes les filles des vénérables messieurs du conseil, pour aller saluer l'empereur et l'impératrice avec des fleurs et un discours. Cette Ursule devait parler, parce qu'elle était maîtresse de tous ces arts ; de même, elle était de naissance la plus grande de nous tous, dans la mesure où sa défunte mère était la fille du grand Reynmar , seigneur de Sulzbach . Il n'est pas non plus nécessaire qu'Ann et moi cherchions loin les fleurs. Le jardin des Haller n'avait pas son pareil dans tout Nuremberg, et mes chers beaux-parents avaient promis que nous cueillirions tout ce dont nous avions besoin pour nos bouquets.

Chaque fois que je montais à cheval, j'apprenais que Herdegen et Junker Henning s'étaient livrés, hier soir, à une lutte acharnée, voire presque à l'effusion de sang ; car lorsque mon frère avait chanté la chansonnette à la louange d'une Elselein et que l'autre lui avait demandé de mettre le nom d'Ann, Herdegen s'était écrié : « Et si vous voulez dire Ann aux cheveux roux, la fille du tapster au Blue Pike , bel et bien!" Alors le Junker se releva et jeta à la tête de Herdegen la chope qu'il venait de vider . Herdegen s'était agilement esquivé et s'était précipité sur l'ivrogne, l'épée à la main ; mais le duc Rumpold avait mis un mot, et ce matin, Junker Henning semblait avoir oublié l'affaire. Dans le Brandebourg, en vérité, de telles bagarres étaient courantes lors des beuveries des seigneurs et des messieurs, et à l'aube, toute offense commise pendant la nuit dans leurs coupes était effacée de l'esprit.

Mon frère logeait de nouveau chez notre grand- oncle , tandis que le Junker habitait la maison des Waldstromer . Monseigneur le duc trouva logement au Hallerhof , et Son Altesse le prince électeur et l'archevêque Conrad de Mayence y logèrent également, avec une grande suite. La cousine Maud s'était préparée à accueillir sous notre toit le margrave de Bade et le comte de Henneberg . L'étage supérieur de la maison Pernhart fut cédé à Son Éminence le Cardinal Branda, l'ami le plus fidèle à Rome du frère de Maître Ulman, l'évêque. Sa Sainteté le Pape avait envoyé ce très révérend prélat comme son légat à l'assemblée, et il célébra bientôt la messe avec une grande dignité en présence de Leurs Majestés et des seigneurs et princes assemblés.

À ce jour, ma mémoire est bonne à tous égards ; et sur ce qui a suivi ces événements, beaucoup de choses sont encore aussi claires et claires dans mon esprit que si je voyais et entendais tout cela à l'heure actuelle ; mais moi, une vieille femme, j'aurais volontiers caché mon visage dans mes mains et j'en pleurerais. Car, bien qu'il y ait eu certaines heures dans ces jours qui m'apportaient de douces ébats amoureux, et d'autres de pure gaieté et de vanité, l'esprit de l'homme est si tempéré que, lorsqu'une grande tristesse succède à la plus grande joie, il suffit de l'assombrir. entièrement. Et ainsi nous pouvons comparer la lourdeur du cœur au carillon des cloches, qui font mal à l'oreille si elles sonnent de près, mais font de loin une musique douce et pieuse. Maintenant, en vérité, dans la mesure où je dois rendre compte du malheur le plus profond de ma vie, le bilan effronté est triste et les blessures longtemps cicatrisées me font de nouveau mal.

Ces deux mois de Diète Impériale ! Ils se trouvent derrière moi comme des collines lointaines. Je ne parviens plus à les distinguer, même si certains points de repère se détachent clairement, comme le clocher de l'église, le moulin à vent et le vieux chêne sur la crête à l'horizon.

Comment la nuit s'est écoulée après notre retour de la forêt et le matin suivant - le 27 juillet de l'année de grâce 1422 - je ne peux plus me rappeler ; mais je me vois maintenant alors que, l'après-midi de ce jour-là, je partais avec Ann, vêtue de soie et de dentelle, toute blanche et neuve de la tête aux pieds, comme pour un mariage, pour me rendre sur la place ouverte entre St. L'église Saint-Jacques et la Maison Allemande, à l'intérieur de la porte de l'hôpital. De quelque côté que nous regardions, voici des fleurs, des guirlandes vertes, des tentures, des fanions et des bannières ; c'était comme si tous les jardins de Franconie avaient été dépouillés de leurs fleurs. Jamais spectacle aussi courageux n'avait été vu, et à chaque respiration nous buvions les odeurs des feuilles et des fleurs déjà fanées sous le soleil de juillet. Je ne me souviens jamais d'un plus beau jour de Saint-Pantalon ; le ciel lui-même semblait partager la joie de la ville et était beau à voir, d'un bleu impeccable. Un vent léger apaisa la chaleur croissante et aida les drapeaux et les bannières à se déployer : nos belles églises étaient partout ornées de guirlandes, de branches et de bannières, et me semblaient être comme des mariées heureuses attendant leur mariage en tenue de fête. La place du marché était un théâtre de grandes fêtes, la belle fontaine était un puissant berceau de fleurs, les arcs de triomphe, me semblait-il, étaient tels que les dieux du bois et du jardin auraient pu s'unir pour les élever. Chaque balcon était richement tendu, et même les pignons à crête et les tourelles des toits faisaient preuve d'une certaine bravoure. À perte de vue, tout était bigarré et impeccable pour plus de luminosité. Le plus petit carreau de la lucarne la plus haute brillait sans tache. Les plus pauvres étaient vêtus de parures coûteuses ; les patriciens étaient habillés en chevaliers et en nobles ; chaque artisan était habillé comme s'il était un conseiller , chaque écuyer comme son seigneur. On aurait compris ce jour-là qu'il n'y avait que des gens riches à Nuremberg. Les chapelets de perles des jeunes filles brillaient au soleil, et les bijoux d'or dans leurs bonnets de fourrure ; et qu'importent leurs mères de la chaleur lorsqu'elles allaient et venaient pour montrer les coûteux turbans de fourrure qui couronnaient leur tête comme si elles étaient d'une gloire de fourrure ? Avec quel soin ils avaient habillé les petits ! Ils verraient de leurs propres yeux l'Empereur et l'Impératrice, et Leurs Majestés pourraient même, par bonheur, les voir !

Bientôt nous vîmes le cortège des corporations avec leurs emblèmes et leurs bannières ; jamais ils ne s'étaient présentés avec une telle bravoure. Ils devaient former en rangs, de chaque côté des rues et de la route, un long espace devant la porte.

Enfin , l'heure était proche où Leurs Majestés devaient arriver. Nous, les servantes, étions toutes rassemblées. Même si nous avions convenu d'être tous vêtus de blanc, Ursula avait orné son couvre-chef de plumes d'autruche roses et bleu ciel ; Il s'agissait bien de panaches coûteux, mais sur beaucoup. Maintenant, elle regardait dans son rouleau de parchemin, et pour nous, elle avait des mots brefs et peu nombreux. Le bouquet que son serviteur en livrée écarlate portait à la main était d'une très belle qualité ; Akusch et un garçon de jardinier arrivèrent bientôt avec les bouquets récoltés pour Ann et moi dans le jardin des Haller . Nous, ainsi que bien d'autres servantes, joignions les mains avec un pur plaisir, mais Ursule leur jetait un regard qui aurait pu, si cela avait été possible, priver les roses et les lys orientaux de leur douceur.

L' Empereur , disait-on, s'en tiendrait à l'heure fixée ; alors toutes les cloches se mirent à sonner. Je les connaissais tous bien, et j'en préférais un que je préférais ; la Benedicta de l'église Saint -Sebald , qui avait été coulée par le vieux maître Grunewald, l'ami le plus proche de maître Pernhart . Leurs voix effrontées ont ému mon âme et mon cœur, et bientôt les canons de la citadelle et sur les lamentations ont lancé un tonnerre de bienvenue à l' empereur , déchirant l'air de l'été. Mon cœur battait de plus en plus vite. Mais tout à coup, il me semblait que toute la bravoure de la ville et l'herbe de fête des gens, le carillon des cloches et le rugissement des canons n'étaient pas destinés à faire honneur à l' empereur , mais seulement à mon seul véritable amour qui venait dans son former.

Toutes mes pensées et tous mes espoirs étaient tournés vers lui. Et lorsque les joueurs de cornemuse de la ville entonnèrent leurs trompettes, leurs timbales, leurs cornemuses et leurs cors, lorsque les murmures et les roulements de voix au loin se transformèrent en un cri rugissant et un cri bruyant, lorsque de chaque bouche à chaque fenêtre s'éleva le cri : « Ils arrivent ! » — pourtant je ne regardais pas Leurs Majestés, à qui appartenaient le jour et la fête, mais je cherchais seulement celui qui était à moi, le mien.

Ils sont là! tout près devant nous. — L'empereur et sa noble épouse, la reine Barbara, la toujours bonne fille du grand comte hongrois de Cilly .

Toujours! et il semble être l'homme pour gouverner six royaumes ; digne de se tenir à la tête de la grande nation allemande. Il pourrait être connu entre mille comme empereur, et comme fils d'empereur ! Comme il est droit sur sa selle, comme le feu dans ses yeux est jeune et pourtant, bien qu'il ait dépassé son cinquantième anniversaire ! Plein d'entrain et contentement dans son look ; et il me semble qu'il a oublié qu'il a jamais convoqué la Diète à Ratisbonne et qu'il franchit les portes de Nuremberg contre son gré, parce que les électeurs et les princes allemands ont choisi de s'y rassembler. Sa femme est également d'une noble mine, et elle monte un palefroi blanc qui, tout en tirant les rênes, s'efforce de tourner ses narines roses pour saluer le cheval bai sur lequel est monté son seigneur.

Pourtant mes yeux ne s'attardent pas longtemps sur ces deux seigneurs ; ils errent dans le long cortège de chevaliers dans lequel il arrive, bien que parmi les derniers. Pendant un instant, ils s'appuient sur les formes robustes des nobles hongrois, tous flamboyants de joyaux jusqu'au harnais des coursiers ; et je regarde sans y prêter attention les électeurs et les princes, les ducs, les comtes et les chevaliers, tous vêtus de velours et de soie, d'or et d'argent ; à la pourpre et à l'écarlate des prélats ; à la cérémonie solennelle noire à chaînes d'or des conseillers municipaux ; sur et au-delà de tout le magnifique train venu avec Sa Majesté de Hongrie ou parti à sa rencontre.

Sur ce, Ursula s'avance pour prononcer le discours ; mais plus tôt un homme peut entendre un grillon dans un orage que la voix d'une servante au milieu de ce carillon de cloches, de ces cris et de ces cris de bienvenue. Il me semble en vérité que les mouchoirs flottants, les fanions volants et les casquettes agitées dans l'air avaient trouvé une voix ; et Ursula tourne la tête d'un côté et de l'autre comme pour chercher de l'aide.

L'empereur Sigismond signe de la main et les deux hérauts qui conduisent le train lèvent leurs trompettes aux riches bannières brodées. Un bruit de crépitement procure le silence : en un instant, c'est comme si de l'huile était déversée sur une mer déferlante. Les hommes et les armes se taisent ; les seuls sons qu'on entend sont le langage d'airain des cloches, le hennissement d'un cheval, le murmure sourd des voix d'hommes dans les ruelles et les ruelles lointaines, et la voix claire d'une jeune fille.

Ursula prononça son discours, d'une voix si forte à la fin qu'on aurait pu croire que les vers mielleux étaient des paroles de reproche. Les deux impériaux se jetèrent un regard exprimant plus la surprise que le plaisir, et adressèrent quelques mots de remerciement à l'orateur. Sa Majesté parlait en allemand ; mais dans sa maison de Bohême et dans son royaume hongrois, il avait attrapé le piège d'un accent plus aigu que le nôtre.

Un chambellan donna alors le signal, et nous, les jeunes filles, nous dirigeâmes toutes vers notre Souverain seigneur et dame. Deux et deux — Tucher et

Schilrstab — Groland et Stromer ; et le sixième couple était Ann et moi – Ann en tant que fille d'un membre du conseil – et c'était mon parrain, outre son doux visage, qui avait fait le plus pour qu'elle soit choisie.

De nobles jeunes gens vêtus comme des pages de velours et de soie avaient reçu les fleurs offertes par les demoiselles ; mais alors qu'Ann et moi nous levions, l'empereur et l'impératrice nous regardaient de haut. Je vis qu'ils nous regardaient avec grâce et les entendaient parler ensemble dans une langue que je ne connaissais pas ; et Porro , le fou du roi — et je dis celui du roi, car ce n'est que plus tard que Sigismond fut couronné empereur à Rome, et par la même occasion ce fut à cette époque que les frères de mon Hans, Paul et Erhart , furent surnommés Chevaliers — Porro , qui chevauchait aux côtés de son seigneur sur un poney pie tacheté de noir et de jaune, s'écria : « Puissions-nous tous être transformés en drones, Nunkey , si les fleurs qui ont donné à cette ville le nom de Jardin des abeilles ne sont pas des mêmes amis et parents que ceux-là ! »

Et il nous a montré du doigt ; sur quoi le roi lui demanda s'il parlait des demoiselles ou des bouquets. Mais le bouffon, roulant gaiement sur sa canette, jusqu'à ce que les clochettes de son bonnet sonnent de nouveau, lui répondit : « Non, Nunkey , tenteriez-vous un chrétien de marcher sur la glace ? Et si je dis les demoiselles, je le ferai. j'aurai des ennuis à cause de votre stricte moralité ; mais si je dis les bouquets, je mettrai en péril la santé de ma pauvre âme par un mensonge immonde. »

"Alors choisis-toi une autre forme", dit la reine, "car je crains que les abeilles ne te prennent pour une guêpe piqueuse, Porro ."

"C'est vrai, ma foi", dit l'imbécile en réfléchissant. "Depuis qu'Ève est tombée dans le péché, les conseils des femmes sont souvent les meilleurs. Toi, Nunkey , tu seras transformé en papillon, et non en drone, et tu honoreras les fleurs pendant que tu voltiges autour d'elles."

Et il agitait ses bras comme s'il s'agissait d'ailes et se promenait autour de nous sur son poney avec une attitude joyeuse, comme un papillon de nuit voletant au-dessus de nous. Ann baissa les yeux, rougissant de honte, et le sang monta également à mes joues à cause de la timidité vierge ; néanmoins j'entendis le ton profond et étrange du roi et la voix agréable de sa noble épouse, et ils louèrent nos bouquets et se renseignèrent sur nos noms, et nous enjoignirent formellement à Ann et à moi de ne pas manquer de paraître à chaque danse et à chaque banquet ; et je me souviens que nous avons répondu avec une modestie convenable jusqu'à ce que le grand maître du roi apparaisse et termine ainsi notre discours.

Et j'ai l'impression de voir la multitude arriver ; les teintes hétéroclites du velours et de la soie, les logements et les harnais des chevaux, l'éclat brillant du métal poli et l'éclat des pierres précieuses taillées éblouissent mes yeux, je le pensais, encore aujourd'hui. Mais tout d'un coup, tout s'efface ; les cris et les voix, les cloches, les hennissements, les fracas et le cliquetis se taisent – car il est venu. Il agite sa main, plus belle , plus véritablement mienne et plus chère à mon cœur que jamais. Mais ce n'est pas ici que nous nous retrouvons vraiment ; cette joie viendra plus tard dans son propre jardin.

Ce jardin pourrait déjà raconter l'histoire de deux créatures humaines heureuses et d'heures de bonheur le plus pur jamais accordées à deux jeunes cœurs ; mais ce qui est arrivé par la suite, je me souviens de journées d'été claires et chaudes, pleines de gaieté et de théâtre, de tournois et de sports de cour, de musique et de chant, de danse et de plaisir. La faveur gracieuse du roi et de la reine et la présence de nombreux princes ne cessaient de l'agrémenter et nous montaient au cerveau comme un vin enivrant. Des choses qui semblaient jusqu'alors impossibles se réalisaient désormais. Par pure joie de ces plaisirs enivrants et à cause des multiples exigences qui nous étaient imposées au cours de ces journées surchargées, nous avons oublié ceux qui nous tenaient le plus à cœur. Pourtant, je n'ai jamais été enclin à la recherche de moi-même, ni avant ni depuis cette époque.

La séduction d'Ann envers le Junker, l'hommage que lui rendent tous, même les plus hauts, la colère bouillonnante d'Herdegen , ses efforts pour regagner les faveurs de la servante qu'il avait méprisée, son attitude étrange, variée et autoritaire, ses manières éhontées avec Ursule, à qui il faisait une grande cour lorsque mon grand-oncle était présent, bien qu'à d'autres moments il lui jetait des regards sombres comme si elle était une ennemie, tout cela me passe comme dans un brouillard et ne me concerne que peu. Puis, au milieu de ce tumulte et de cette magnificence, de cette grâce amoureuse et royale, il me semblait de temps en temps que j'étais tout à coup seul et abandonné ; même au tournoi ou au bal ; bien plus, même lorsque le roi et la reine daignaient discuter avec moi, j'étais rempli d'un désir de paix et d'heures de silence, bien que le puissant souverain lui-même prenait plaisir à m'interroger et à m'amener à ces réponses rapides dont je n'ai jamais trouvé de réponse. manque. La reine Barbara m'invitait souvent dans sa chambre et me gardait avec elle pendant des heures ; Parfois, Ann était également invitée et elle nous offrait à tous deux de nombreux bijoux coûteux.

Alors, à peine eûmes-nous quitté le château où logeaient Leurs Majestés, qu'il nous fallut penser à nos nobles hôtes ; car Markgraf Bernhard de Bade, qui était cantonné chez nous, me demandait souvent, et le cardinal Branda désirait qu'Ann l'accompagne. La plus grande moitié de nos journées était consacrée à arranger nos personnes, et pendant que la cousine Maud et Susan m'habillaient, je pensais déjà à préparer l'herbe, les rubans et les plumes nécessaires pour le lendemain. Mon Hans était maintenant un chevalier. Le même honneur était promis à Herdegen : honneur sur honneur, plaisir sur plaisir, bravoure et démonstration ! Au lieu de notre ancien soleil, il me semblait que vingt brillaient dans le ciel. Bien souvent, c'était comme si ma respiration était si légère que je pouvais flotter dans l'air, et là encore, une charge cauchemardesque m'oppressait. Même pendant la nuit, dans mes rêves mêmes, les sons de la musique et des chants ne cessaient pas ; mais à mon réveil, la question se posait : « Dans quel but est-ce ?

Hans tenait la barre et était toujours le même, attentionné mais vraiment aimant. De plus, il n'oubliait jamais de veiller à la sûreté de la barque, et si le pas lui paraissait trop rapide ou s'il voyait des rochers devant lui, il faisait sa part et me protégeait également avec un soin fidèle contre toute attitude insouciante ou excessive. Margery l'imprudente, qui était recherchée partout et qui était toujours au premier rang, à la demande du roi et de la reine, a fait son devoir sur tous les points et rien ne lui est arrivé qui pourrait la blesser ou l'affliger - et elle savait très bien qui elle devait remercier pour cela.

De même , je constatai avec joie que mon amant maintenait les ardeurs du Junker sous contrôle, car il aurait volontiers courtisé Ann aussi ardemment que s'il était assuré de son amour ; et Hans demanda à mon frère Herdegen de s'abandonner comme tout homme le devrait et de mettre fin à ce double jeu en choisissant une fois pour toutes Ann ou Ursula.

Dans la forêt, l'oncle Conrad avait invité cette noble compagnie à la Loge. Après la chasse terminée, nous nous rendîmes de nouveau au jardin de Martin l'apiculteur, car le duc Ernest d'Autriche, le comte Frédéric de Meissen, monseigneur l'évêque de Lausanne et d'autres nobles seigneurs désiraient découvrez quelques-unes des célèbres cabanes d'apiculture de notre Lorenzer -Wald. Mon oncle lui-même a ouvert la voie et Herdegen l'a aidé à faire les honneurs.

Bientôt, alors qu'il ouvrait une ruche à la hâte, des abeilles lui piquèrent gravement la main ; J'ai couru vers lui et j'ai retiré les dards. Ann était près de moi, et Herdegen essaya de croiser son regard et chanta à voix basse le couplet d'une chanson qui semblait vraiment triste et étrange, un peu ainsi :

" Augusto Pirlin pcodyas ."

Sur quoi Ann lui demanda dans quelle langue il parlait ; car cela ne lui était pas connu. Il répondit cependant qu'elle le savait avec certitude, et quand elle le regarda, encore dubitative, il rit amèrement et dit qu'il ne pourrait qu'être content si elle avait oublié le son de ces mots, dans la mesure où pour lui, ils étaient liés au premier grand chagrin qu'il avait connu.

Je vis qu'elle était mal à l'aise ; mais comme elle se détournait , il la retint pour mettre les mots en allemand, disant d'une voix si sourde et si basse que je pouvais à peine l'entendre, tandis qu'il remuait la terre avec la pointe de son épée, dans le but d'en déposer sur sa main enflée.

"Une abeille rebelle m'a piqué la main ;
la Terre Mère guérira les malvoyants. Mais quand je me coucherai sous le
gazon, dis : Guérira-t-elle mon cœur brisé ?"

Puis j'ai vu qu'Ann pâlissait et disait avec un peu de raideur : « Il existe d'autres
remèdes pour vous, même contre le pire ! et il répondit : "Mais la vôtre, Ann,
travaille le meilleur remède."

À ce moment-là, elle était redevenue elle-même et répondit comme si elle
s'en   fichait   :
« Je les ai apprises d'un maître habile . — Mais dans quelle langue est ta
chanson,
Junker Schopper , et qui te l'a appris ?

A quoi il répondit précipitamment : « Une fille basanée de race gitane.

Et elle, reprenant courage, dit : « Peut-être que vous avez rencontré autrefois
dans la forêt ici ? Herdegen secouait sa tête bouclée et ses yeux brillaient
d'amour tandis qu'il parlait : « Non, Ann, et par tous les saints, ce n'est pas le
cas ! C'est d'une mère gitane que je l'ai appris ; elle l'a chanté à un homme
désespéré... au désespoir pour toi, Ann, dans la forêt de Fontainebleau.

Sur quoi Ann secoua la tête et s'efforça de parler légèrement en disant
"Désespoir ! N'êtes-vous pas comme l'homme de la fable, qui croyait qu'il
était brûlé alors qu'il en avait jeté un autre dans le feu ? La casquette va, je
pense, à Junker Schopper . "

Il répondit tristement, et il y avait un véritable chagrin dans sa voix : « Est-ce
qu'une dure plaisanterie est tout ce que vous avez à me faire maintenant ? dit
-il, "Non, alors, dis-moi clairement, Ann, s'il n'y a plus d'espoir pour moi."

"Aucun", dit-elle, ferme et dure. Mais elle ajouta plus doucement. "Aucun,
Herdegen , aucun du tout tant qu'un seul fil reste ininterrompu qui vous lie à
Ursula."

Là-dessus, il s'approcha d'elle et s'écria avec une grande émotion : « Elle, elle
! Oui, elle a en effet jeté autour de moi son enchevêtrement d'or du diable
pour piéger tout ce qu'il y a de vain et de vil en moi ; mais elle n'a plus de
place dans mon cœur que celui de ces abeilles. Et si vous, si mon bon ange
veut redevenir à moi, je crierai « apage », je déchirerai ses labeurs.

Il s'arrêta, car quelques dames et messieurs s'approchaient, et en premier lieu
Ursule ; oui, et je la vois maintenant retirer son gant et se pencher pour
ramasser de la terre pour la poser sur la main brûlante de l'homme qu'en
vérité elle aimait, tandis qu'il s'efforçait de la devancer et de ne pas accepter
un tel service. Cette nuit-là, nous restâmes au lodge, et Ursula occupa de
nouveau la chambre à côté de la nôtre ; et de nouveau je l'entendis faire appel
à ses saints, tandis qu'Ann me déversait à voix basse son cœur débordant et

m'avouait, tantôt en pleurant, tantôt en riant, combien elle avait enduré et combien elle commençait à espérer autrefois. plus.

CHAPITRE II.

Notre grand-oncle et gardien, le vieux chevalier Im Hoff, s'était toujours, aussi loin que je me souvienne, considéré comme un pénitent, passant ses nuits et ne dormant pas beaucoup dans un cercueil, et donnant la part du lion de son grand-père. des revenus aux œuvres pieuses pour s'ouvrir les portes du Ciel ; mais quel changement opéra en lui la venue de l' Empereur ! Cet homme au dos droit et au cou raide , qui n'avait jamais baissé la tête qu'à l'église et devant les saintes images des saints, apprit maintenant à se baisser et à se pencher. Son visage exsangue, qui avait depuis longtemps cessé de sourire, était désormais le foyer même du sourire. Sa grande maison était remplie, car y logeaient le duc Ernst d'Autriche, le comte hongrois de Gara , qui, par sa femme, était un proche parent de l' empereur , ainsi que le fidèle secrétaire de Sa Majesté, Kaspar Slick, et tout leur peuple. Et dès que l'un ou l'autre arrivait, une lueur comme celle d'une étoile éclairait ses vieux traits, ou, s'il tombait que le souverain lui accordait de le servir, c'était un grand soleil qui l'éclairait. Et tandis que les autres messieurs du conseil, héréditaires et élus, quoique toujours prêts à serrer la main d'un vulgaire ouvrier, se tiendraient face à face avec Leurs Majestés ou les ducs et notables, droits et dûment soucieux de leur propre valeur, mon le tuteur rejetterait à la fois sa gravité et sa dignité ; et en vérité, nous savions tous très bien dans quel but. Lui, qui avait été privé du bonheur de sa vie par la fille d'un baron, aspirait à convaincre le roi de l'élever au rang de baron. Il combla le secrétaire Slick de cadeaux et de faveurs, et voyant que Sa Majesté était gracieusement heureuse de me sourire, à moi, sa pupille, il prendrait beaucoup de peine à me flatter, en m'appelant ses « cheveux d'or » ou « ses yeux bleus » ; et m'enjoint de faire mention de lui au roi comme du plus fidèle serviteur de Sa Majesté, toujours prêt à tous les sacrifices à son service, en même temps il me demanda avec un sourire combien cela me ferait plaisir d'entendre Herdegen appelé par le nom et le titre du baron von Schopper-Im Hoff ?

Notre propre nom honnête et honorable était assez bon pour nous trois ; pourtant, pour le bien de mon frère et pour celui d'Ann, j'ai gardé le silence et j'ai profité de l'occasion, alors qu'il était d'humeur si amicale, pour le presser de libérer Herdegen et de lui permettre de choisir un autre qu'Ursula. Mais comme il s'est mis en colère, avec quelle hâte il a revêtu l'allure glacée et rébarbative qu'il avait l'habitude de porter, alors qu'il me considérait comme un simplet volontaire qui détruirait le bien de son frère !

C'était maintenant le jour de Sainte Suzanne . [11 août] — Nous étions invités au tournoi. Le duc Ernest d'Autriche avait défié le duc Kanthner d' Oels en Silésie de le rencontrer dans les lices et, outre la gloire à gagner, il y avait un prix de soixante-quatre pièces d'or. D'autres chevaliers devaient également participer aux joutes sur le ring.

La reine Barbara, de sa grâce, m'avait invité à y assister avec ses dames. Au lieu de joute, j'ai trouvé Ann ; sa mère était restée à la maison parce que la vieille mère était malade. Mon fidèle oncle Christian Pfinzing , qui accueillait l'empereur et l'impératrice au château en tant que représentants du conseil municipal, avait amené ici son « cher gardien » et l'avait confiée à certaines dames maternelles. Bientôt, voyant un moment où elle pourrait me parler, Ann me dit à l'oreille : « Je vais mettre fin à ce sport, Margery ; je ne peux plus le supporter. Il a juré de renoncer à tout ce qui pourrait nous séparer ! Il n'y avait pas de temps pour en faire davantage. Chacun devait prendre sa place. Leurs Majestés n'étaient pas encore venues, et il était temps de regarder autour d'elles.

Les listes étaient au milieu de la place du marché. Les bancs étaient ornés de tentures, les seigneurs et les dames qui les remplissaient, les plumes ondulaient, l'éclat des bijoux, le scintillement de l'or et de l'argent, l'éclat de la soie et du velours, la foule des gens du commun, tête en bas dans les hauteurs les plus hautes. les lieux, la musique et le tumulte, voire même la saveur des chevaux, demeurent encore dans mon esprit ; mais loin de moi l'idée d'écrire sur des choses bien connues de la plupart des hommes.

Puis mon grand-oncle est apparu. Il avait Ursula à son bras alors qu'il franchissait la porte d'accès à la lice et traversait le ring sablé jusqu'à son siège de l'autre côté. C'était en vérité interdit, mais le vieil homme sans vergogne défiait les règles, et quant à Ursula, elle était très contente d'être regardée. Le vieux chevalier souriait ; combien son air était majestueux, et combien le plastron d'argent lui allait bien, avec le lion d'or rampant de l' Im Hoff ! Ce casque et ce plastron avaient été forgés pour son usage spécial avec les meilleurs plats d'argent et d'or, et étaient mieux adaptés pour tourner la pointe de mon canif que celle d'une épée et d'une lance. Pourtant, nombreux étaient ceux qui admiraient la démarche solide du vieil homme dans son lourd harnais. Même le visage terne de Tetzel était moins terne que d'habitude, et les yeux d'Ursula brillaient comme si son chevalier avait remporté le prix.

Bientôt, mon grand-oncle vit où j'étais assis, me fit signe et s'inclina comme s'il avait de bonnes nouvelles à m'annoncer. Tetzel fit de même, ressemblant à l'ombre pâle et rampante du vieil homme. Les yeux triomphants d'Ursula proclamaient qu'elle avait désormais bel et bien atteint son but ; l'esprit le plus ennuyeux ne manquerait peut-être pas son sens. Malgré Ann, Herdegen avait prêté serment à Ursula. Les listes et les sièges me semblaient tourbillonner autour de moi dans un labyrinthe, et à peine étaient-ils redescendus, pour ainsi dire, que la cousine Maud s'assit lourdement à sa place, et par son visage me fit comprendre qu'il était arrivé quelque chose de grand ; car de temps en temps elle retroussait ses joues et pinçait ses lèvres comme si elle voulait éteindre une lumière. Lorsque mes yeux rencontrèrent les siens , elle pointa secrètement son éventail pour me montrer Herdegen et Ursula, et haussa les épaules si haut que sa grosse tête avec son grand turban à plumes s'enfonça entre eux. Et s'il y avait un élan et une colère dans sa poitrine, il n'y en avait pas moins dans la mienne. Cependant, je devais revêtir une apparence de contentement, voire de joie, car le couple royal m'avait invité à leurs côtés et c'était ma tâche d'expliquer tout ce qu'ils désiraient apprendre.

Un ciel bleu ensoleillé penché sur le sol ; bien que des nuages sombres montaient de l'ouest, et j'ai eu du mal à répondre de manière appropriée aux questions de Leurs Majestés.

Pendant que les chevaux piaffaient et hennissaient et que les lances claquaient sur les boucliers, même lorsque les ducs d'Autriche et de Schleswig se précipitaient l'un sur l'autre et que l'Autrichien descendait de son ennemi, je regardais à peine le lieu de joute sur lequel tous les autres regards se tournaient. étaient fixés comme s'ils étaient retenus par des chaînes et des liens. Les miens étaient placés à l'endroit où étaient assises Ursula et Ann, et avec eux le jeune chevalier de Brandebourg, Sir Apitz de Rochow , et mon frère Herdegen . Junker Henning avait son rôle à jouer dans le tournoi. Pour Rochow, le tournoi était tout ce qu'il y avait de mieux ; Herdegen ne regardait qu'Ann. Elle, certes, ne revenait pas, mais il la fixait quand même des yeux et lui parlait. Ursula était devenue plus pâle et il me semblait qu'elle n'avait d'yeux que pour lui et ses actes. Ce qui se passait dans les pauses de l'inclinaison, je ne pouvais pas le remarquer, dans la mesure où mes yeux et mes oreilles étaient ceux de Leurs Majestés seuls.

Maintenant, deux autres chevaliers surgirent. Peu m'importait de quelle nation ils étaient, quelles armes ils portaient et ce qu'eux et leurs chevaux pouvaient faire ; J'avais autre chose à penser. Ursule et moi étions en guerre depuis longtemps, mais aujourd'hui je n'éprouvais que de la compassion pour elle : et en effet, ce jour même, alors qu'elle croyait avoir remporté la victoire, elle avait plus besoin de pitié que lorsqu'elle avait tant supplié le Ciel de le faire. accorde-lui l'amour d'Herdegen , dans la mesure où mon frère était assis à chuchoter à Ann, la main sur le cœur. Et Ann elle-même avait mis de côté toute fausse apparence ; et tandis qu'elle regardait son amant avec une douce passion, Ursula courbait son éventail comme si elle avait l'intention de le casser.

Penser à Ursula dirigeant notre maison et à Ann souffrant d'une maladie cardiaque était un chagrin cruel, et pourtant ces deux choses étaient presque moins difficiles à supporter que la légèreté éhontée et l'attitude étrange de mon noble frère, la fierté de mon cœur.

Le conseil municipal avait voté huit cents florins pour le roi Sigismond et quatre cents pour la reine ; deux cent trente à Porro le bouffon, et de grands cadeaux à plusieurs notables et chevaliers en offrande gratuite de la ville ; Et maintenant, dans une pause dans les joutes, Sa Majesté annonça sa grande joie pour la main fidèle, généreuse et débordante que lui tendait sa bonne ville de Nuremberg, qui avait toujours été chère à son défunt père bien-aimé, le roi Charles. Et puis il désigna les messieurs du conseil, qui faisaient vraiment un bel et révérend spectacle avec leurs longs cheveux et leur barbe flottants, leurs robes de velours sombre bordées de fourrure fine et leurs fines chaînes d'or ; et il parla de leur conduite noble et honorable. Je l'ai entendu dire que chacun d'eux devait être respecté comme co-dirigeant avec lui sur ce qui lui appartenait, ainsi que sur les affaires plus importantes. Chacun était son égal en vertu virile et le digne pair de son moi impérial. Puis il montra à la reine certaines têtes nobles et belles, et c'était à moi de faire connaître tout ce que je pouvais dire sur leurs possessions et leur manière de commercer. Les Haller lui étaient bien connus, et ce n'était pas seulement mon préféré, dans la mesure où ils faisaient de grands échanges commerciaux avec son royaume de Hongrie ; et il était très heureux de voir mon Hans avec son père parmi les membres du conseil .

Sa gracieuse épouse était heureuse de comparer le bon ordre, la propreté et le confort de Nuremberg avec ceux des villes de leur pays natal. Alors qu'elle avait déjà fréquenté quelques-unes de nos plus belles maisons, et même la nôtre, elle parlait en bien de la richesse, de l'art et de l'habileté dans tous les métiers des gens de Nuremberg, disant qu'ils n'avaient pas encore d'équivalent dans le monde entier. comme elle le savait. Et là encore, elle a exprimé son plaisir devant l'honorable convenance des conseillers et m'a posé de nombreuses questions concernant celui-ci et cela, et, entre autres, concernant Maître Ulman Pernhart . Le couple royal marqua, dans l'un son noble front, dans l'autre ses longs cheveux flottants, dans le troisième son œil vif et perspicace, jusqu'à ce que bientôt le roi Sigismond demanda à son fou, Porro , laquelle de toutes les têtes des rangs en face il pourrait juger. soyez le plus sage et le plus important. Les yeux scintillants du bouffon parcoururent les rangées de gens, et tandis qu'ils tombèrent soudain sur la petite dame Henneleinlein , la femme de miel, qui était assise, comme à son habitude, la tête appuyée sur ses mains, il prit la parole du roi et répondit. avec un sérieux moqueur : « À moins que je ne me trompe, c'est cette reine des boutons de beurre, mon oncle , vu que sa tête est si lourde qu'elle est obligée de la tenir à deux mains.

Et il désignait avec sa babiole la vieille femme qui, en tant que veuve du maître des abeilles, s'était hardiment placée au premier rang parmi ceux qui étaient chevaliers ; et elle était assise là, dans une robe de brocart jaune vif que la cousine Maud lui avait offerte autrefois, étirant son long cou et reposant sa tête sur ses mains. Le roi et la reine, regardant où indiquait le fou, lorsqu'ils aperçurent une petite vieille femme au lieu d'un conseiller majestueux , rirent à haute voix ; mais le bouffon s'inclina humblement vers la dame, et, dès qu'elle remarqua que les yeux de Sa Majesté et de sa gracieuse dame étaient tournés vers elle, et que sa misérable personne était l'objet de leurs regards, crut que j'avais peut-être la nomma-t-elle comme étant la cousine d'Ann, ou comme la veuve du maître d'abeilles décédé qui, il y a de nombreuses années, avait conduit l'empereur Charles voir les jardins d'abeilles. et plus encore d'un côté, s'appuyant toujours plus lourdement sur sa main, jusqu'à ce que le roi et la reine rient plus fort que jamais et que beaucoup de gens s'aperçoivent de ce qui se passait. L'échanson et le chambellan dessinèrent de longues grimaces, et Porro termina enfin la plaisanterie en saluant la vieille femme avec un air si stupide que personne ne pouvait considérer un honneur. La rusée petite femme voyait maintenant qu'on se moquait d'elle, et tandis que non seulement Leurs Majestés, mais toute la cour autour d'elles se tenaient à leurs côtés, et qu'elle voyait que j'étais au milieu d'elles, elle me croyait au fond. de leurs méfaits, et me jetèrent des regards vengeurs qui m'avertissaient du mal qui me réservait.

Après ce tournoi, il y aurait un grand bal à l'École des armes, auquel Leurs Majestés étaient conviées avec tous les princes, chevaliers et notables de la Diète, et les patriciens de la ville. Le lendemain, étant le jour de la Sainte Clara, il y aurait une grande fête chez les Tetzel , car c'était la fête de Dame Clara, la grand-mère d'Ursula et l'aînée de leur famille. Lors de ce banquet, les fiançailles d'Herdegen devaient être annoncées à tous leurs amis et parents : c'est ce que me murmura mon oncle en s'en allant après les joutes pour aller chez le roi qui l'avait fait venir. Le vieil homme n'avait rien vu des agissements de Herdegen avec Ann, parce que lui et le vieux Tetzel étaient tous deux assis du même côté de la lice, et que les hauts casques et les plumes avaient caché les jeunes gens à sa vue. Ainsi, l'assurance et le contentement brillaient encore dans ses yeux.

Le tournoi avait duré longtemps. J'ai à peine eu le temps de changer mon herbe pour le bal. Jusqu'à ce jour, j'avais joué comme un poisson dans ce torrent de troubles et de plaisirs ; mais aujourd'hui j'étais fatigué. Mon corps souffrait de mon esprit, et j'aurais préféré rester à la maison ; mais je pensais à la reine qui, quoique beaucoup plus âgée et surveillée de tous, chacun s'attendant à ce qu'elle soit aimable, dans sa lourde tenue royale, traversait tout cela dont j'étais si las.

Pendant ce temps, une grande tempête avait éclaté sur nous et était passée ; toutes les créatures furent rafraîchies, et moi aussi je levai la tête et respirai plus librement. L'école d'escrime – une grande salle carrée, comme elle l'est encore aujourd'hui, avec des places tout autour pour que les gens puissent les observer – était éclairée comme en plein jour. Mon amant et moi, de nouveau de bon cœur, avons parcouru la danse polonaise menée par le roi et la reine. La mère d'Ann avait été obligée de rester à la maison pour s'occuper de la vieille mère du maître, et mon amie était passée sous la protection de la cousine Maud. Elle a été amenée à danser par Junker Henning ; son compatriote, Sir Apitz von Rochow , marchait avec Ursula et la courtisait avec une ardeur sans faille. Franz von Welemisl , qui avait l'habitude de ramper comme son ombre et qui était de nouveau un hôte chez les Tetzel , avait été retenu à l'intérieur à cause de la toux qui le tourmentait. De même, j'ai cherché en vain Herdegen .

En effet, la première danse fut terminée lorsqu'il entra avec mon grand-oncle ; mais le vieux chevalier paraissait moins confiant que le matin.

Ann était pâle, mais me paraissait plus belle que jamais dans une robe de brocart rouge grenade et blanc, qui lui avait été envoyée d'Italie par le frère de son beau-père, Mylord Bishop, par la main du cardinal Branda. Dès que j'eus commencé à lui parler, elle fut enlevée par Junker Henning, et au même moment mon grand-oncle vint vers moi pour me demander qui était cette belle demoiselle d'une si noble beauté avec laquelle je parlais tout à l'heure. . Il n'avait jamais vu Ann de près jusqu'à présent, et avec quelle joie ai-je répondu que c'était la fille de Pernhart , le conseiller municipal , et celle à qui Herdegen avait promis sa foi.

Le vieil homme était effrayé et plein de colère, mais, à cause de toutes les bonnes personnes qui nous entouraient, il fut obligé de se retenir, et il partit aussitôt.

Le festival s'est poursuivi et j'ai vu qu'Herdegen dansait d'abord avec Ursula puis avec Ann. Puis ils s'arrêtèrent près des buissons de fleurs qui étaient placés tout autour de la salle pour la garnir, et on aurait pu distinguer de leur attitude qu'ils s'étaient disputés et qu'ils étaient parvenus à de grandes paroles. J'aurais volontiers été chez eux, mais la Reine m'avait demandé de rester avec elle et ne cessait de me poser cent questions sur des noms et autres choses.

Enfin, ou bien il était minuit, Leurs Majestés s'en allèrent. J'ai respiré plus librement, j'ai posé ma main sur le bras de mon Hans et j'avais l'intention de lui dire de m'emmener à Herdegen et d'exprimer ce que je pensais, mais mon frère, alors qu'il tombait, m'en a empêché. Il s'est approché de moi et avec quelle mine ! Ses yeux brillent, ses joues brûlent, ses lèvres serrées. Il nous a fait signe, à moi et à Hans, de le suivre où qu'il allait, puis il nous a supplié passionnément de quitter la danse pendant un moment avec lui et sa bien-aimée, c'était Ann. Une telle supplication nous a beaucoup étonnés, mais quand il nous a dit qu'elle n'irait nulle part avec lui que sous notre garde, et que tout dépendait de sa connaissance à l'heure même de sa position avec elle, nous avons fait sa volonté. Et il nous a également dit qu'il n'avait pas effectivement donné sa parole ce matin-là à mon grand-oncle et à Jost Tetzel, mais qu'il avait seulement promis de leur donner sa réponse le lendemain.

Alors à ce moment-là, Hans et moi nous sommes faufilés derrière les deux, sur la route. Pour ma part, j'étais très content et reconnaissant et, quand nous les vîmes s'accuser et se répondre avec vaillance, nous rîmes et fûmes d'accord que le conseil de tante Jacoba avait conduit à une bonne issue ; et j'ai dit à mon Hans que je devrais moi-même tirer une leçon de tout cela et laisser les intelligents Junkers et Chevaliers me faire l'amour à leur guise, si jamais j'étais poussé à lui jouer un bon tour insensé.

À ce moment-là, alors que nous avions parcouru à plusieurs reprises la route allant et venant chez les Pernhart , Ann avait envie de frapper à la porte ; mais voici, elle a été épargnée des douleurs. Maîtresse Henneleinlein sortit alors alors qu'elle aidait dame Giovanna à soigner la grand-mère malade. La lanterne qu'Eppelein portait devant nous n'était pas aussi brillante que le soleil, et pourtant je pouvais voir clairement l'œil venimeux de la vieille femme ; et quel grand cinglé sonnait dans sa voix ! Chacun avait son compte , même mon Hans, à qui elle criait : « Gardez votre épouse hors du chemin de Porro , maître Haller. Il ne convient pas à la promise d'un vénérable conseiller de se rallier à un imbécile ! mieux vaut rire que pleurer, et celui qui rit le dernier rit le plus longtemps ! » Et là-dessus, elle-même a éclaté de rire et, avec un signe de tête méprisant à Ann, nous a tourné le dos.

Tout était encore dans la maison de maître Pernharts ; lui-même était allé se reposer. À la demande d'Herdegen, nous l'avons suivi dans la salle, et là, il a serré Ann contre son cœur et nous a déclaré que maintenant et désormais pour toujours , ils ne faisaient qu'un. Sur quoi nous nous sommes tous embrassés ; mais mon amie s'accrocha plus longtemps à moi et me murmura à l'oreille qu'elle était plus heureuse qu'elle ne pourrait jamais mériter de l'être. Herdegen m'a demandé s'il s'était désormais rétabli et si je redeviendrais la même vieille Margery ? Et j'ai volontiers levé mes lèvres pour qu'elles les embrassent ; et le prodigue revenu, qui était revenu à ce qui était sa meilleure part, était comme quelqu'un ivre de vin. Il était hors de lui de joie, de sorte qu'il m'a serré d'abord, puis Hans dans ses bras, et a giflé Eppelein , qui portait une lanterne pour nous montrer les flaques laissées par la tempête de pluie, encore et encore sur l'épaule et a lancé une une bourse pleine d'argent dans sa main libre, même si la prime en or de mon grand-oncle touchait désormais à sa fin. Rien ne le persuaderait de retourner au bal pour rencontrer Ursule et ses parents ; et quand il nous quitta bientôt , nous l'entendîmes dans la rue chanter une chanson d'amour telle qu'aucun faux cœur ne peut l'imaginer, aussi joyeuse que les alouettes qui allaient bientôt s'envoler vers le ciel.

Nous sommes retournés dans la grande salle. La danse et la musique étaient encore à leur comble ; notre absence, que nous pensions avoir à peine été marquée ; cependant, dès que nous sommes entrés, mon grand-oncle a demandé « où pouvait être Herdegen », et quand j'ai regardé au hasard autour de moi , j'ai vu — mes yeux ne m'ont pas trompé — j'ai aperçu maîtresse Henneleinlein dans l'une des stalles latérales. .

Personne ne me l'a dit, mais j'étais sûr et certain qu'elle disait quelque chose qui me préoccupait, et bientôt j'ai discerné dans le fond sombre le panache de plumes qu'Ursula avait porté lors de la danse. Mon cœur battait de peur ; chaque mot prononcé par la vieille dame nous ferait certainement du mal. Hans se moquait de mes inquiétudes et de la folie d'une servante qui s'occupait toujours de choses qui ne la regardaient pas.

Puis Ursula est revenue dans la salle et elle est passée devant nous au bras de Junker Henning.

Un jeune chevalier du Palatinat me conduisit alors à un bal que je lui avais promis auparavant.

Nous nous sommes arrêtés par manque de souffle. La fête était finie ; Pourtant Ursula et le Junker marchaient ensemble. Il écoutait avec impatience tout ce qu'elle disait, et tout à coup il mit sa main dans la sienne qu'elle lui tendait, et ses yeux, qu'il avait tenus fixés sur le sol, s'éclairèrent d'un éclair. Bientôt, lui et le chevalier von Rochow se frayèrent un chemin, bras dessus bras dessous, à travers la presse, et tous deux riaient en tirant leur longue barbe rouge.

Je m'accrochais toujours au bras de mon amant et le suppliais de m'emmener parler avec Junker Henning, dans la mesure où j'avais très envie de l'interroger ; mais le Junker se tenait soigneusement loin de nous. Néanmoins, nous l'avons finalement retenu, et après cela, je lui ai demandé, comme pour plaisanter, s'il avait guéri son ancienne querelle avec Maîtresse Ursula et conclu une trêve, ou peut-être fait la paix avec elle, m'a-t-il répondu sur un ton tout à fait familier. contrairement à son air franc et joyeux habituel, que cela doit rester secret pour lui et elle pendant un certain temps, et que nous ne devrions guère être les premiers à qui il devrait révéler l'affaire ; et aussitôt il nous fit ses adieux avec une révérence courtoise. Mais mon amant ne voulut pas le laisser partir ainsi, et lui demanda calmement quelle était l'interprétation de ce discours, sur quoi Rochow parla au nom de son jeune compatriote et s'enquit, du ton autoritaire et seigneurial qui a toujours marqué sa voix. et la manière, que ce soit ici, dans le pays natal de Nuremberg, les jouets, l'amour et la foi étaient considérés comme des jouets.

Junker Henning intervint cependant et me dit en me lançant un regard d'avertissement : « Loin de lui l'idée de rompre son amitié avec un honorable gentleman, tel que mon Hans, avant d'avoir une explication. Et il me tendit la main un peu plus volontiers qu'auparavant, s'inclina doucement devant moi et emmena son cousin.

Finalement nous sommes sortis avec les parents Haller et la cousine Maud . Les vieillards montèrent dans des litières, et les domestiques éclairaient devant moi le chemin vers le mien, quand mon amant m'arrêta en disant : « Il fait déjà gris à l'Est. Jamais auparavant nous n'avions été ensemble aussi bien à l'heure , Margery, et heureux. les heures sont rares. Si tu n'es pas trop fatigué, rentrons ensemble à la maison dans cet air frais du matin.

J'étais bien content et nous avançâmes doucement, je m'accrochais à lui de près. Il sentit à quel point mon cœur battait fort et, lorsqu'il me demanda si c'était par amour qu'il battait si vite, je lui avouai en vérité que, alors que les Brandebourgeois surpassaient tous les autres chevaliers du royaume, par défi et par emportement, je craignais il devrait y avoir une passe d'armes entre Junker Henning et mon frère Herdegen . Mais Hans répondit que si les Brandebourgeois avaient l'intention de le défier, il ne pourrait pas l'empêcher ; mais être battu, ce serait à leur propre détriment ; qu'Herdegen avait à peine trouvé son égal à l'école d'armes de Paris ; et du moins ne devrions-nous pas gâcher cette douce promenade matinale par de telles craintes.

Et il m'a serré plus près de lui, et pendant que nous errions lentement , il a versé tout son cœur vers moi et m'a avoué que pendant toute sa vie solitaire dans des pays étrangers, il lui avait toujours manqué une grande chose ; que même avec la gaieté de ses camarades préférés, même lorsque son meilleur zèle avait été couronné de grands succès, il n'avait jamais eu la pleine joie de vivre. Ce n'était pas non plus que lorsque mon amour l'avait fait un homme complet et vraiment heureux qu'il se sentait pour ainsi dire entier, dans la mesure où cela seul avait apaisé l'étrange désir qui jusqu'alors lui avait rendu le cœur malade.

Oui, et je pourrais lui dire que ça avait été la même chose pour moi ; et quant à ce que nous avons dit de plus, en vérité, cela aurait plutôt dû être chanté sur une musique douce et élevée au luth et à la mandoline . Deux âmes parfaitement assorties se révélèrent chacune à chacune, et le ciel lui-même, me semblait-il , s'ouvrit dans les chemins étroits de notre ville.

Nous nous embrassâmes alors que nous étions sur le seuil de la maison Schopper , et quand enfin nous devions nous séparer, il me serra une fois de plus contre son cœur, plus longtemps que jamais auparavant, et s'arracha ; et posant ses mains sur mes épaules, tout en me regardant dans les yeux dans la pâle lumière de l'aube, il dit : « Quoi qu'il arrive, Margery, nous nous aimons vraiment et avons appris l'un par l'autre ce que signifie le vrai bonheur ; et néanmoins nous Nous ne sommes encore qu'à la lune de mars de notre amour, et ses jours de mai, qui sont bien plus doux, sont encore à venir. Mais même la joie de mars est bonne, très bonne pour moi.

CHAPITRE III.

J'avais oublié mes peurs et mes sombres pressentiments au moment où je me mis au lit dans ma chambre sombre. Sleep m'a immédiatement fermé les yeux et je suis resté allongé sans même un rêve jusqu'à ce que la cousine Maud me réveille. Je me suis retourné parce que j'étais encore lourd de sommeil ; pourtant elle se tenait près de mon lit, et à peine un demi-quart d'heure après, je sentis de nouveau sa main sur mon épaule et je me réveillai en tremblant, avec une sueur froide sur le front. J'avais rêvé que je me promenais dans la forêt de Lorenzer avec Hans, mon grand-oncle et d'autres ; mais nous allions lentement et doucement, parce que tous nos chevaux tombaient boiteux. Et il tomba qu'à l'endroit même où Ann était arrivée par avion chez Herdegen bras , je vis une haute pierre tombale jaune, sur laquelle était écrit en grosses lettres noires : « HANS HALLER ».

Là-dessus, j'avais poussé un grand cri, et cela avait duré longtemps ou jamais mon cerveau était clair quant au monde qui m'entourait. La cousine Maud a ri de me voir si ivre endormie, comme ce n'était pas mon habitude ; Pourtant, elle ne pouvait pas nier que mon rêve n'augurait rien de bon. Néanmoins, dit- elle, il n'était pas étonnant qu'une tourmente turque païenne comme celle dans laquelle nous vivions ait pu engendrer des imaginations monstrueuses dans le cerveau d'une jeune fille. Elle m'aurait bien voulu laisser dormir toute la journée, pour me donner des forces ; mais Herdegen était venu me demander à deux reprises, ainsi qu'Ann et Hans, et il ne leur manquait qu'une heure et demie de midi. Cela m'a fait rire; néanmoins je me souvins sur-le-champ de tout ce qui s'était passé la nuit dernière à la porte de la maison de Pernhart et à l'école d'armes, et, en outre, que nous étions invités aujourd'hui à manger avec les Tetzel ; aussi qu'eux, ainsi que mon grand-oncle, croyaient toujours que les fiançailles d'Herdegen avec Ursula pourraient être immédiatement annoncées à leurs amis.

J'ai commencé à m'habiller à la hâte et avec peur, et Susan était en train de me tresser les cheveux lorsque la cousine Maud est arrivée pour me dire que la reine Barbara avait envoyé sa propre litière pour me porter jusqu'à elle. Je dus donc faire toute la vitesse.

Les quartiers royaux du château avaient été nouvellement aménagés par la ville, à la demande de Sa Majesté, et ils étaient en effet courageusement décorés ; mais jamais pareil spectacle ne m'avait moins plu. La reine donnait audience au légat du pape, à leurs excellences les envoyés de l'empereur grec, à monseigneur Conrad l'électeur de Mayence et à bien d'autres nobles. Elle avait eu l'audace de déclarer que les jeunes filles allemandes n'étaient pas moins habiles dans l'art du chant que les demoiselles d'Italie, et m'avait convié auprès d'elle avec une telle hâte que je pouvais faire entendre quelques lays aux notables assemblés là. Je ne pourrais pas dire non à l'ordre royal ; pour le meilleur et pour le pire, je dois prendre mon luth et chanter, d'abord seul, puis avec mon seigneur le comte di Puppi . Nos voix amenèrent bientôt le roi dans la chambre, et en vérité, j'aurais reçu assez d'éloges si j'avais eu le plus grand désir de les entendre. Bien plus, pour la première fois, ce fut pour moi un tourment de chanter, et quand les notables furent tous envoyés et que je fus seul avec la reine et ses dames, je ne savais de quoi je souffrais mais j'éclatai en larmes, brûlantes et brûlantes. des larmes amères. La gracieuse reine me prit dans ses bras avec une douceur féminine, mais pendant qu'elle me donnait à sentir sa fiole de vinaigre et me disait des paroles de réconfort, j'eus soudain peur d'entendre derrière moi des sanglots et des soupirs lamentables, comme venant du sein d'une femme. . Je regardai autour de moi et vis Porro , le bouffon, qui s'était jeté sur un canapé et se moquait de moi, faisant une telle grimace que son visage lisse, long et maigre semblait avoir grandi jusqu'à la longueur de deux visages maigres. Le spectacle était si joyeux que j'avais envie de rire. Tandis qu'il ne cessait néanmoins de sangloter, la reine le réprimanda et lui recommanda de ne pas pousser trop loin ses bêtises. Sur quoi il sanglota : « Non, royal et gracieux, parce que tu es dans l'erreur. Jamais je n'ai oublié aussi sans vergogne de jouer mon rôle de fou, qu'en ce moment. Hélas, hélas ! quelle chose c'est la vie ! N'étions-nous pas un et tous les imbéciles nés, et si seulement nous mesurions la situation telle qu'elle est maintenant et telle qu'elle le sera toujours, avec la sagesse du sage, nous ne cesserions jamais de nous lamenter, depuis la verge de la nourrice jusqu'à la faux de la mort.

si Porro était sérieux ; son visage, comme un oracle mystique, pourrait supporter de multiples interprétations ; en vérité, son discours m'a touché le cœur. Et même si jusqu'ici la vie m'avait apporté cent fois plus de motifs de remerciement que de chagrin, il me semblait qu'elle me réservait bien des chagrins. La reine répondit en effet solennellement : « Peut- être est-ce vrai. Mais n'oubliez pas que ce n'est pas en sage que vous nous assistez . honte ; même si, en tant que chrétienne, je dois avouer qu'il est plus sage et plus louable de déplorer nos propres péchés et ceux du monde, et de méditer sur la vie à venir, que de vivre uniquement pour les joies présentes. Quant à toi, douce jeune fille, tu pourras encore longtemps prendre plaisir aux fleurs, même si le venin est caché dans leurs coupes.

"Les hommes n'ont pas l'habitude d'en manger", répondit l'imbécile. "Et je me suis souvent demandé pourquoi le papillon volant porte des ailes si gaies et peintes, alors que toute créature qui rampe et grogne est grise ou brune et immonde à voir."

Sur quoi il éclata de rire et d'une gaieté si bruyante que nous pleurâmes de joie, et ma dame la reine lui dit de se taire.

En partant, j'eus besoin de passer par la salle d'audience du Roi. Il ordonna à mon Hans de partir gracieusement, et je sortis dans la cour du château avec Maîtres Tucher , Stromer et Schurstab , tous membres du Conseil. Il me semble que je les entends maintenant remercier Hans pour sa virilité intrépide en disant à Sa Majesté que le coffre au trésor devait toujours être vide si l'on permettait que l'ancien désordre prévale. De même , ils approuvèrent le plan bien conçu qu'il avait proposé pour améliorer ces choses, et mon cœur battait fort de fierté lorsque je percevais la grande estime dans laquelle les vénérables anciens de notre ville tenaient leur plus jeune camarade.

Hans ne pouvait pas se séparer d'eux ; mais quand je suis monté dans la litière, il m'a murmuré : « N'aie pas peur, quant à Herdegen et au Junker, tu sais. Adieu jusqu'à ce que nous nous retrouvions chez les Tetzel .

Quand je suis rentré à la maison , j'ai appris que mon frère, Ann et ensuite Eppelein étaient venus me demander ; maintenant je dois changer de tenue pour le festin, et mon cœur battait fort dans ma poitrine. Le hardi Brandebourgeois et mon frère croisaient peut-être le fer à cette heure même.

La cousine Maud, qui savait maintenant tout, et moi sommes sortis de nos civières à la porte des Tetzel . Eppelein se tenait près de la grande porte, botté et éperonné, tenant deux chevaux par la bride. Mon seigneur qui lui a parlé était mon cher Hans. Nous sommes entrés ensemble dans la salle et, alors que nos regards se croisaient, je pensais qu'il y avait du mal dans l'air. La lettre qu'il tenait lui demandait de se rendre immédiatement à Altenperg . Junker Henning et mon frère étaient disposés à passer des armes, et avec des armes tranchantes. Cependant, ils ne pouvaient pas le faire dans les limites de la ville, sauf à grands risques, dans la mesure où la ville était dans la paix du roi, et par une loi sévère chevalier ou écuyer, seigneur ou serviteur, en bref, chaque homme était menacé de hors-la-loi par l' empereur , qui aurait l'audace de provoquer un autre pour le défier, ou de lever une arme contre un autre avec de mauvaises intentions, quel qu'il soit, dans tout le domaine de Nuremberg ou aussi longtemps que la diète siégeait. C'est pourquoi ils se rendraient à Altenperg , dans la mesure où c'était la commune la plus proche d'y arriver en dehors des limites de la ville.

Tout cela, mon amant l'avait entendu de bonne heure ce matin-là ; mais Herdegen lui avait dit que maître Schlebitzer et un certain chevalier autrichien l'accompagneraient. Or, la lettre devait dire qu'ils l'avaient tous deux trompé ; le premier, par obéissance à l'ordre sévère de son père, le conseiller municipal ; la seconde parce que son duc ordonnait sa présence. Et Herdegen pria instamment mon Hans de prendre la place ainsi laissée vacante et de se rendre immédiatement à Altenperg .

Ce n'était pas non plus la seule lettre. Mon frère y expliquait qu'il avait solennellement et irrévocablement promis sa parole à Ann et à ses parents, et suppliait mon amant de déclarer aux Tetzel et à son grand-oncle qu'il renonçait désormais et pour toujours à Ursula. Il en parlera plus longuement sur le lieu de la réunion.

La cousine Maud, Hans et moi avons tenu un bref conseil, et nous étions d'accord : ce message ne devrait être donné aux Tetzel qu'après le grand dîner et lorsque nous connaîtrions l'issue du combat. Mon cœur me poussait en effet à désirer que mon amant renonce à cette promenade, et je me souviens encore de la façon dont je l'ai imploré les mains levées et de la façon dont il s'est forcé à les éloigner de lui avec une douceur inébranlable. Et quand il m'a dit qu'il pourrait certainement, s'il en était un, apaiser les combattants, sinon le sang serait versé, j'ai regardé son visage courageux, viril et gentil, et je me suis dit que là où il irait, tout devait être pour le mieux, et je s'écria avec une nouvelle assurance : « Alors partez ! Je me souviens de chaque mot comme s'il était gravé dans l'airain.

Eppelein fit claquer son fouet contre ses bottes de cuir ; La voix plombée du vieux Tetzel cria pour savoir où nous nous attardions, et un train de soie descendit les escaliers en bruissant. Mon amant me baisa la main et je sortis avec lui dans la cour. Son cheval fougueux lui donnait tellement de choses à faire qu'il ne fit jamais mes adieux. Soudain, l'idée m'est venue à l'esprit que c'était précisément le cheval que mon grand-oncle avait donné à Herdegen , et là encore, il me semblait que c'était un présage de malheur. De même , je remarquai que Hans portait des bas de soie, sans éperons ni bottes d'équitation. Cependant les Haller possédaient beaucoup de chevaux ; et lorsqu'il était enfant, il avait l'habitude de monter avec ou sans selle, et c'était un cavalier que personne ne pouvait démonter, même dans le ring.

Il eut bientôt maîtrisé son cheval et trottait légèrement sur les pierres, suivi d' Eppelein ; mais, tandis qu'il disparaissait au premier coin, il me sembla que la pierre tombale, tandis qu'il la dépassait, se transformait en la pierre tombale jaune que j'avais vue dans mon rêve, et que je revoyais les grandes lettres noires du nom « Hans Haller ».

Je passai mes mains sur mes yeux pour chasser cette vision hideuse, et j'étais assez jeune et assez courageux pour répondre au salut d'Ursula sans que mes genoux ne tremblent. Pendant ce temps, la cousine Maud avait monté les escaliers en reniflant et en fumant comme une bouilloire bouillante ; elle ne pouvait pas non plus être en paix, même parmi la compagnie qui attendait les enchères. Beaucoup ont remarqué que quelque chose de plus que commun n'allait pas chez elle. Je me retins assez bien, et j'excusai l'absence de mon frère et de mon amant par un plaidoyer d'affaires graves. Mon grand-oncle, cependant, a deviné la vérité, et lorsque j'ai donné une réponse véridique à ses questions courtes et murmurées, il a pleuré avec colère : alors ce sont là les remerciements qu'il a reçus ? Désormais, il montrerait clairement comment lui, qui avait été un bienfaiteur, pouvait traiter avec la jeunesse qui avait osé se moquer de son autorité. Sur ce, je le suppliai d'abord de m'accorder une audience pour quelques mots ; mais il me repoussa avec colère et fit un signe à Ursula, qui s'accrochait à son bras, et elle serra les lèvres quand il lui murmura à l'oreille, avec des yeux courroucés, ce dont je crus deviner l'intention. Et quand je la vis appeler Sir Franz von Welemisl à ses côtés et lui tendre la main en disant quelques mots à voix basse, je compris qu'en vérité elle savait tout.

Elle emmena alors son père à part et lui dit quelque chose qui lui fit monter le sang au visage cendré et l'amena à dire non avec véhémence. Mais, comme à son habitude, elle fit respecter sa propre volonté et il haussa les épaules, courroucé certes, mais dominé par elle.

Pendant ce temps, la grande porte du réfectoire avait été grande ouverte, et lorsque Tetzel et sa vieille mère se déplaçaient par là, désirant que les invités le suivent, mon oncle Christian, le fidèle ami d'Ann, me murmura que Herdegen lui avait dit qu'il était désormais promis à son « cher petit gardien », ainsi que ce qui se trouvait entre lui et le Junker von Beust . Je pourrais être tranquille, dit- il ; le Brandebourgeois aurait un goût amer de l'acier de Nuremberg, il en était pleinement assuré. Et il a terminé son discours par un joyeux : "Levez la tête, Margery."

Ensuite, nous nous sommes tous assis à la table chargée, Dame Clara assise au sommet, même si elle avait l'air maussade et difficile à plaire.

Ursula avait choisi de mettre Sir Franz à ses côtés. Le siège de Herdegen , à sa gauche, était vacant ; et elle ordonna à son chien brabançon blanc, comme pour plaisanter, de s'y jeter. Le repas fut servi, mais tout se passa dans un silence si sombre que maître Muffel , du conseil municipal, qu'on nomma maître Gall- Muffel , murmura à travers la table à mon oncle Christian : « N'était-il pas étrange de donner un festin funéraire sans toujours un cadavre." Encore une fois, j'ai frémi. Mon oncle jovial avait déjà levé son verre, et s'étirant à son aise, il me fit un signe de tête et but en disant assez haut pour que tout le monde l'entende : « Aux derniers fiancés et aux deux amants les plus fidèles .

Je lui rendis un signe de tête, car je comprenais ce qu'il voulait dire, et bus de tout mon cœur. Entre-temps, Ursula avait gardé ses oreilles et ses yeux attentifs sur nous, et elle fit maintenant signe à son père et il se leva lentement, tinta sur son verre, et voyant que beaucoup attendaient ce qu'il devait dire, il déclara à ses invités qu'il avait demandé à ce banquet, non seulement pour honorer la fête de sa vénérable mère, dont son ami maître Tucher avait éloquemment parlé, mais plutôt pour leur annoncer les fiançailles de sa fille Ursula avec le noble chevalier et baron Franz. von Welemisl . Puis il y eut des cris, des tintements et des vidages de coupes de vin, pendant lesquels la vieille dame Clara Tetzel, qui était sourde et n'avait pas compris le sens de l'adresse de son fils, s'écria à haute voix : « Le jeune Schopper est -il enfin arrivé ?

Sur ce, Sir Franz pâlit ; il s'était approché de la vieille femme, un verre à la main, avec Ursula, et elle parlait maintenant à l'oreille de sa grand-dame pour lui expliquer la chose. La vieille femme regarda d'abord son fils, puis mon grand-oncle, et secoua la tête ; néanmoins elle fit bonne figure sur un mauvais cas, donna la main à baiser à Sir Franz et fut dûment embrassée par Ursula ; Pourtant, elle était assise, hochant la tête de haut en bas, et de plus en plus astucieusement lorsqu'elle entendait le marié tousser. L'étonnement se lisait en effet sur les visages de tous les invités ; Cependant la glace était brisée, et la compagnie silencieuse et sombre était soudain devenue tout à fait joyeuse. La cousine Maud, me semblait-il , était la plus contente de toutes. Les fiançailles d'Ursula avaient sauvé sa favorite d'un grand péril, et désormais son couvre-chef à plumes était de nouveau au repos.

Tout autour de moi, c'étaient des paroles et des rires, des verres qui sonnaient, des voix élevées dans des discours donnés et de nombreux cris de félicitations. Lorsqu'il y a des fiançailles, les gens croient toujours qu'ils détiennent la clé du bonheur, même si c'est entre un simplet et un sourd-muet.

Le siège à ma gauche, que mon amant aurait dû occuper, restait vide ; à ma droite était assis son révérend Maître Sebald Schurstab , le prédicateur et prieur minoritaire qui, dès qu'il avait prononcé un toast, fixait ses yeux sur le tableau et ne pensait qu'au suivant. Ainsi, au milieu de toute cette joyeuse camaraderie, rien n'empêchait mes craintes et mes espoirs de prendre le chemin. Chaque fois qu'un cri de « Hoch ! a été soulevé, je me suis réveillé et j'ai participé; mais on sait à peine en l'honneur de qui. De même, la salle devenait de plus en plus chaude et l'air était devenu difficile à respirer.

Aujourd'hui encore, comme hier, un orage éclate sur nous. Même si le soleil n'était pas encore couché, il faisait si sombre qu'on avait allumé des lumières et cinquante cierges dans les chandeliers d'argent avaient ajouté à la chaleur. Les éclairs éclairaient les fenêtres à rideaux comme une lampe vacillante, et le grondement du tonnerre ébranlait les vitres qui claquaient et claquaient dans leurs cadres de plomb. Le révérend Prieur fit appel aux bienheureux saints dont cette maison n'avait jamais négligé d'assurer la protection particulière, et se signa. Nous avons tous fait de même et avons vite oublié la tempête du dehors. Bientôt, les verres tintèrent à nouveau. J'ai regardé les innombrables plats portés dans et hors des paons rôtis, avec des queues déployées voyantes et des têtes huppées dressées comme pour le défi : des têtes de sanglier avec un citron dans la bouche et gaiement couronnées ; d'énormes saumons couchés au milieu de truites bleues, sur lesquelles s'accrochent des écrevisses écarlates ; des pâtés et des friandises savamment conçues ; bien plus, de temps en temps, c'est à peine si j'avançais consciemment la main et portais tel ou tel morceau à ma bouche, mais que ce soit du pain ou du gingembre, ma langue ne prêtait pas attention à la saveur. Des chopes en argent et des verres vénitiens étaient remplis de flacons et de cruches ; J'entendais les invités vanter les vins de Furstenberg et de Bacharach, de Malvoisie et de Chypre, et je remarquais les effets du jus de raisin noble et puissant, et même, de temps en temps, je jouais le rôle de « gardien » auprès de l'oncle Christian ; Pourtant , il me semblait que ce n'était que par la volonté d'autrui ou par une ancienne habitude que j'avais levé le doigt pour l'avertir. Étais-je réellement à un banquet ou étais-je seulement en train de rêver que j'étais assis en tant qu'invité devant le tableau richement étalé ? La seule chose certaine était que l'orage était passé et qu'aucune grêle ni pluie ne frappait désormais les vitres. Comme mon Hans devait être mouillé , lui qui était parti en ordre de cour, sans manteau pour le couvrir.

À en juger par les voix et le comportement des hommes, la fin de ce repas interminable ne devait sûrement pas être loin, et en effet, les plats étaient alors servis avec des paquets d'épices, de fruits, de tartes et de friandises pour les plus petits de la maison. J'inspirai plus profondément et il me sembla que la compagnie allait bientôt se lever de table, d'autant que Jost Tetzel avait déjà quitté son siège. Puis j'ai aperçu son visage pâle à travers un rideau et sa main maigre faisant signe à mon grand-oncle. Il se leva également et Ursule le suivit. Aussitôt, du dehors vint un bruit étrange de pas çà et là et de nombreuses voix. Un domestique vint saluer maître Ebner et oncle Tucher , et les murmures et les agitations devenaient de plus en plus forts. Les invités étaient assis en silence, se regardant et s'interrogeant les uns les autres. Un événement quelque peu étrange et certainement quelque peu maléfique était arrivé.

Mon cœur battait dans mes tempes comme le battement d'une sonnette d'alarme. Ce qui allait de l'avant et auquel l'un après l'autre était appelé, était mon souci ; ça doit être le cas, et le mien seul. Je sentais que je ne pouvais plus tenir ma place, et j'avais reculé mon siège lorsque j'apercevais l'oncle Tucher debout à côté de la cousine Maud, et son bon et digne visage, encore rougeâtre du vin qu'il avait bu, était un signe avant-coureur d'horreur et malheur. Il s'est penché sur ma cousine pour lui parler à l'oreille.

Mes yeux étaient fixés sur ses lèvres, et voilà ! elle, ma seconde mère, s'est levée précipitamment comme n'importe quelle jeune fille et, serrant sa main sur son sein, elle a failli crier : « Jesu-Maria ! Et Margery !

Tout s'assombrit sous mes yeux. Une brume violette enveloppait la table, la compagnie et tout ce que je voyais. Je fermai les yeux, et quand je les rouvrirai bientôt, tout près devant moi, comme à portée de main, voici la pierre tombale jaune avec des lettres noires dessus, comme dans mon rêve ; et même si je fermais de nouveau les yeux, le nom « Hans Haller » était toujours là et les lettres ne s'effaçaient pas, bien plus, mais devenaient plus grandes et se rapprochaient, et il me semblait être comme une rangée de loups-garous béants.

Je me suis retenu par le haut dossier de ma lourde chaise pour m'empêcher de tomber, à genoux ; mais une main ferme l'écarta, et j'étais serré dans une paire de bras vieux mais forts contre un cœur fidèle, et quand j'entendis la voix de la cousine Maud à mon oreille, bien qu'à moitié étouffée par les larmes, criant : « Mon pauvre, pauvre , chère bonne Margery!" il me semblait que cela fondait un peu dans mon cœur et jaillissait jusqu'à mes yeux ; et bien que personne ne me l'ait dit, je savais pourtant avec certitude que j'étais veuve ou jamais épouse, et que les larmes de la cousine Maud et les miennes étaient versées, non pas pour Herdegen , mais pour lui, pour lui….

Et voici, face à face avec moi, qui était-ce ? Ursula se tenait devant moi, ses yeux bleus noyés dans des larmes – des larmes pour moi, me disant que mon malheur était assez profond et assez amer pour attrister même le cœur impitoyable de mon ennemi.

CHAPITRE IV.

La tempête avait une fois de plus purifié l'air. Comme le ciel bleu souriait, comme le soleil brillait, jour après jour et du matin au soir ; mais il me semblait que sa splendeur ne faisait que se moquer de moi, et plusieurs fois j'ai pensé que le chagrin de mon cœur serait plus facile à supporter avec patience s'il ne pouvait que pleuvoir, et pleuvoir et pleuvoir pour toujours . Oui, et une journée grise et sombre aurait apporté du repos aux yeux fatigués de pleurs. Et dans mon cœur malade, tout était vraiment sombre, même si je n'avais pas tardé à comprendre comment cette terreur était née.

C'était toutes les nouvelles dont j'avais envie ; Quant à la façon dont la vie devait se dérouler désormais , je ne m'en souciais plus, mais je laissais ce qui pourrait arriver sans souhait ni volonté. Le chagrin était pour moi la fin et le but de la vie. Je n'ai pas rejeté mon chagrin, mais je l'ai plutôt chéri et nourri, comme s'il s'agissait d'un enfant précieux, et rien ne me plaisait plus que de m'accrocher à cela seul.

Cependant, j'ai rarement eu la chance de pouvoir répondre à cette envie. J'étais en colère contre le monde dur et amer pour sa cruauté ; pourtant c'est en vérité ce monde même et son impitoyable appel au devoir qui m'a alors sauvé de pires choses. En vérité, je bénis maintenant tous ceux qui s'efforçaient alors de me tirer de mon chagrin égoïste et sombre, depuis le tailleur qui coupait mon herbe de deuil jusqu'à Ann, dont le réconfort aimant m'était même moins cher que la solitude dans laquelle je pouvais m'abandonner à un deuil amer. Tout ce qui m'importait, c'était d'entendre ceux qui pouvaient raconter ses dernières heures et son départ de cette vie, jusqu'à ce qu'enfin il me semble avoir été moi-même témoin de sa fin.

De toutes les nouvelles que j'ai pu apprendre, j'ai compris que la vieille Henneleinlein , dont le culot avait été soulevé contre moi par le fou de la cour, ne s'était pas plus tôt séparée de nous à la porte de maître Pernhart qu'elle s'était précipitée à l'école d'armes pour faire savoir à Ursula. que mon frère avait de nouveau prêté serment à sa bien-aimée abandonnée. Ursule avait alors osé dire au Junker que Herdegen était son chevalier, et qu'il reprendrait son gant qu'il avait jeté lors de la danse précédente ; mais qu'il jouait néanmoins un double jeu et avait traîtreusement promis à Ann de l'épouser, pour gagner également sa faveur. Sur ce, le Brandebourgeois avait été rempli d'une honnête colère, avait juré à Ursula qu'il châtierait son faux amant et était prêt, non seulement à accepter le défi de mon frère, mais à se battre avec une fureur impitoyable.

Ainsi, le complot d'Ursula avait bien prospéré, dans la mesure où, aussi longtemps qu'elle espérait gagner Herdegen , elle avait eu une peur mortelle que le Junker ne se brouille avec lui ; tandis que, maintenant que dans sa colère elle désirait seulement que le fantôme infidèle rende compte à l'épée du Junker, elle jugeait bon, dans sa fureur profonde et maligne, de qualifier mon frère de challenger, sachant que si le combat avait une issue sanglante, il subirait certainement une lourde pénalité. Et en vérité, elle ne s'était pas trompée en déclarant que mon frère, qu'elle ne connaissait que trop bien, serait son champion tout prêt.

Le lendemain matin, après le grand bal , elle avait adressé une brève lettre à Herdegen , le priant, au nom de l'amitié qui les avait liés depuis leur jeunesse et parce qu'elle n'avait pas de frère, d'apprendre à Junker von Beust qu'une fille de patricien Il ne fallait pas que la ville de Nuremberg manquât d'un vrai chevalier, quand l'orgueil brandebourgeois osa la mépriser à la face du monde entier. La réponse de mon frère à cette lettre était un défi lancé au Junker ; et pourtant, par hasard, il n'avait pas été si pressé, sinon il avait longtemps brûlé de punir le jeune noble démesuré qui lui avait fait passer bien des heures difficiles. En effet, il n'aurait guère tiré son épée à la demande d'Ursula, dans la mesure où il pouvait clairement voir que ce qu'elle avait le plus à cœur était de faire paraître leur brèche aux yeux des autres comme si lui, qui avait été regardé par tout le monde, ville comme son époux engagé, ne l'avait pas quittée, mais était plutôt prêt à verser le sang de son cœur à son service.

En vérité, Ursula croyait avoir trouvé un instrument de vengeance sûr, alors qu'elle avait entendu dire que le Junker Henning von Beust était l'un des épéistes les plus redoutés des Marches. Herdegen , certes, était également célèbre à Nuremberg comme un vaillant champion ; Pourtant, en Franconie, et même dans toute l'Allemagne, il est toujours d'usage d'estimer les moyens extravagants plus haut que les meilleurs du pays. Elle avait d'ailleurs entendu maintes fois mon grand-oncle déclarer que les gentilshommes de nos familles patriciennes n'étaient pas au-dessus de la moitié des chevaliers, et que son intention était de sacrifier Herdegen aux armes des Brandebourgeois .

Mais elle avait cru que c'était mauvais. Hans, qui servit mon frère comme son second à Altenperg , après s'être fidèlement efforcé de faire la paix entre les deux, fut témoin de la façon dont notre épéiste de Nuremberg, qui avait eu la meilleure école à Erfurt, Padoue et Paris, non seulement résista aux Brandebourgeois . mais il le surpassa si bien en force et en rapidité que le Junker tomba dans les bras de ses amis avec des blessures à la tête et à la poitrine, tandis qu'Herdegen sortit de la mêlée sans plus de blessure qu'une légère égratignure au bras.

Les témoins virent avec étonnement ce qu'il pouvait faire, et sir Apitz von Rochow avoua que, dès la première poussée de mon frère, il avait prévu le mauvais sort de son cousin ; et on racontait que pendant le combat, la lame souple de l' épée du Nuremberger s'était changée en un serpent furieux, qui s'enroulait partout et mordait le fer et l'acier. Il expliqua ensuite que peut-être le Junker Schopper , dont on disait qu'il était encore plus versé dans toutes sortes d'écritures que dans le maniement de ses armes, avait peut-être fait usage de quelque art magique, dans lequel un pieux chevalier des marches aurait envie de se signer.

Or, alors que Junker von Beust avait veillé sur la personne du roi, la fin de la bagarre ne pouvait être cachée à Sa Majesté, et dès que le blessé eut été transporté dans la maison du prêtre à Altenperg pour y être hébergé et soigné, il fut nécessaire pour soustraire son heureux ennemi à l'abri de la colère du roi Sigismond. Dans cette affaire, Rochow et Muschwitz , qui étaient les seconds du Junker, les traitaient comme de vrais nobles, dans la mesure où ils offraient à mon frère refuge et cachette dans leurs châteaux, bien qu'ils l'accusaient entre eux de quelque art secret ; mais celui qui allait mourir si tôt lui conseilla de rester un moment avec l'oncle Conrad au pavillon forestier, et de voir ce que lui-même et d'autres de ses amis pourraient faire pour obtenir son pardon.

Quand enfin mon amant fut sur le point de partir, l'orage avait éclaté ; c'est pourquoi les Brandebourgeois le prièrent de rester dans la maison du prêtre jusqu'à ce qu'elle soit dépassée . Il ne le ferait pas, parce que sa bien-aimée le cherchait avec un cœur craintif, sachant que son frère était en péril ; et aussitôt il s'en alla. Herdegen lui donna Eppelein pour qu'il s'occupe de lui et lui rapporte les affaires dont il avait besoin, et ainsi mon bien-aimé partit pour la ville, le serviteur chevauchant derrière lui.

Il pleuvait effectivement, il y avait des éclairs et du tonnerre, et pourtant tout allait bien jusqu'à ce que, près de Saint Linhart , la grêle tombe, les frappant lourdement. En ce moment, un éclair brûlant, avec un terrible fracas de tonnerre, détruisit un arbre au bord de la route ; son puissant cheval fut affolé de peur, se redressa, tomba en arrière et écrasa son cavalier contre le tronc d'un peuplier. Jamais plus je n'ai regardé le visage du véritable amant auquel j'étais si étroitement lié, sauf seulement dans les rêves ; et je remercie ceux qui m'ont empêché de voir son crâne brisé. Aujourd'hui encore, il se lève devant moi, vision silencieuse, et je le revois tel qu'il était à l'heure où il m'a donné un baiser d'adieu sur notre seuil, dans la pâle lueur du petit matin, solennellement heureux et dans sa bravoure festive. Pourtant ils ne purent m'empêcher de poser mes lèvres sur les mains du corps bien-aimé dans son suaire.

C'était par un beau et glorieux matin, le jour de l'Assomption de la Sainte Vierge, que Hans Haller, chevalier, docteur et conseiller municipal , l'aîné de son ancienne race, mon cher seigneur et amant engagé, fut transporté au tombeau. . Le drap de velours avec lequel ses parents couvraient le cercueil de leur fils bien-aimé et premier-né était si coûteux que ce prix aurait facilement nourri une maison pauvre pendant des années. Que de cierges brûlés pour lui, que de messes dites ! La faveur et la bonne volonté m'ont été accordées, et partout où j'allais, j'ai été accueilli avec le plus grand respect. Même dans ma propre maison, j'étais considéré comme une personne à part et dévouée, dont la présence apportait la grâce et à qui il fallait épargner tout contact avec les ennuis communs et mineurs de la vie. La cousine Maud, qui avait toujours l'habitude de monter l'escalier avec un pas résonnant et une voix forte, marchait maintenant doucement dans ses chaussures, et quand elle appelait ou parlait, c'était doucement et à peine pour être entendue.

Quant à moi, je n'ai ni vu ni entendu tout cela. Cela ne m'a pas rendu reconnaissant ni même servi à me réconforter.

Tout me paraissait pareil, même les gracieuses remontrances de la Reine. En vérité, l'humilité diligente des grands et des petits dans leur comportement m'a glacé ; il me semblait parfois que c'était du mépris.

À mon amant, s'il s'agit de n'importe qui, les portes du ciel pourraient s'ouvrir ; pourtant il avait péri sans sacrifice ni sacrement, et je ne pourrais jamais supporter d'être absent lorsque l'on disait des messes pour la rédemption de son âme. Bien plus, et j'étais obligé d'aller dans les églises et les chapelles, dans la mesure où j'y étais à l'abri de la parole des hommes. Tout ce que la vie pouvait me donner ou me demander, j'avais cessé de m'en soucier.

Si, dès le début, j'avais dû me remuer et plier ma volonté, les choses n'auraient pas été si difficiles pour moi. Le premier appel à mes forces a fonctionné comme un charme. Le besoin d'agir a redonné la force d'agir : et une expérience nouvelle et amère qui s'est produite maintenant était comme une gorgée de vin, faisant battre à nouveau haut et régulièrement mon cœur lourd. Rien , en effet, sinon quelque grande affaire aurait pu me tirer de ce morne demi-sommeil ; et cela ne tarda pas non plus, car la sécurité et la vie de mon frère Herdegen étaient en péril. Ce danger provenait de ce que, peu de temps avant le passage des armes à Altenperg , malgré des lois strictes, la paix du royaume avait été maintes fois rompue sous les yeux mêmes de Sa Majesté par des combats sanglants, et l'électeur Conrad de Maintz était allé de pair avec celui de Brandebourg pour prier Sa Majesté de faire un exemple en cette matière. Ces deux-là étaient aussi les plus puissants de tous les électeurs ; le prince spirituel avait, à la clôture de la Diète, été nommé Vicaire de l'Empire, et celui de Brandebourg était commandant en chef de toutes les armées impériales. Et sa voix était d'une importance particulière dans cette affaire, dans la mesure où la grande amitié qui l'avait jusqu'alors lié à l' empereur s'était récemment considérablement refroidie, et que, avant et pendant la séance de la Diète, Sa Majesté avait vivement senti le pouvoir que le Brandebourgeois avait sur lui. pourrait manier, et avec quels graves problèmes pour lui-même.

Ainsi, lorsque monseigneur l'électeur et le grand connétable Frédéric exigeaient que la loi soit appliquée avec la plus grande rigueur dans l'affaire Herdegen , ce n'était pas, comme beaucoup le pensaient, parce que le roi n'était pas d'accord avec notre bien. ville et le vénérable conseil, et qu'il était bien content d'exprimer sa colère contre le fils d'une de ses familles patriciennes, mais au contraire, que Sa Majesté, qui détestait toute bassesse, avait entendu parler des actes sanglants d'Herdegen à Padoue et de son sauvage moyens à Paris. De même, Sa Majesté avait appris qu'il avait faussement prêté serment à deux jeunes filles. Bien plus, et mon grand-oncle avait fait savoir au roi Sigismond qu'Ursula, que l'électeur connaissait depuis son enfance, avait été poussée par le désespoir devant l'abus de foi d'Herdegen à donner la main au chevalier bohème malade, Sir Franz. von Welemisl .

De plus, le chevalier Johann von Beust , père de Junker Henning, s'était rendu à Nuremberg pour rendre visite à son fils blessé ; et tandis qu'il apprit beaucoup de choses des amis de son fils autour de son lit de malade, il supplia instamment l'électeur de faire en sorte que le châtiment dû s'abatte sur l'ennemi du Junker.

Monseigneur l'Électeur avait maintes fois montré les dents à la chevalerie de Brandebourg, faisant appel au droit et à la justice, lorsqu'il avait pris part aux citoyens et humilié l'orgueil autoritaire des nobles. C'était maintenant à lui de montrer qu'il ne permettrait pas que du sang noble soit versé sans vengeance, même si cela était dû à l'habileté diabolique d'un citoyen ; en effet, s'il le faisait effectivement, tous sauraient ainsi qu'il était l'ennemi juré des nobles de Brandebourg et qu'il tenait sur eux une main si étroite, non par amour de la justice, mais par pure haine et par mauvaise volonté.

Plus tard, j'ai vu le vieux chevalier, avec son visage vermeil de mangeur d'acier et sa grande barbe aux lèvres, et on m'a dit que dans sa jeunesse, il avait été un vaillant flibustier et un voleur de grand chemin, qui, par sa richesse et son pouvoir, s'était fait un pilier de l'électeur à Altmark , je pouvais très bien imaginer le son de ses menaces et que tous les hommes avaient été prompts à prêter l'oreille à ses paroles. Cependant le juste roi devant lequel il accusait Herdegen fit entendre von Rochow et les autres témoins ; ils ne pouvaient que déclarer que tout avait été fait par règle, et que Rochow avait dit dès le début que, avec certitude, le diable lui-même guidait l'épée d'Herdegen . Muschwitz , en effet, était sûr d'avoir vu sa lame jaillir du feu. Sur ce, le père insista auprès de Sa Majesté du Roi pour qu'elle cherche à s'emparer de mon frère, à le déclarer hors-la-loi et que chaque fois que sa personne serait enlevée , il serait puni de mort.

Tout cela, je ne l'appris que quelque temps après, car on ne voulait pas ajouter une nouvelle cause de chagrin à mon chagrin actuel.

La route que j'allais ne pouvait mener nulle part que vers la folie ou le cloître ; J'étais tellement perdu en moi-même, que j'ai compris que j'avais fait ma part pour mon frère lorsque j'avais humblement supplié Leurs Majestés de lui accorder leur gracieux pardon et que j'avais signé certaines pétitions en faveur de l'accusé. En vérité, je ne sais pas encore dans quel péril il courait, et je demandais rarement pour lui quand oncle Conrad m'avait assuré qu'il se cachait en toute sécurité.

Parfois, en effet, j'avais l' impression qu'Ann et les autres restaient quelque peu au courant de moi ; mais même tout souci de me renseigner avait disparu de moi, et je ne me souciais que d'être laissé en paix. Et les choses en restèrent ainsi jusqu'à ce que la rumeur grandisse et me tire de mon sommeil de plomb.

J'avais passé la journée pour moi seul, refusant de voir nos nobles invités ; J'étais assis en silence et je rêvais près de mon rouet, que j'avais depuis longtemps cessé de faire tourner, quand tout à coup il y eut des pas lourds et des voix courroucées dans l'escalier. La porte de la chambre s'ouvrit en grand et, malgré la résistance de la vieille Suzanne, certains bedeaux de la ville entrèrent, accompagnés de deux hommes d'armes de l'empereur . Mon cousin n'était pas à la maison, comme c'était devenu courant ces derniers temps, et j'étais contrarié et attristé d'être ainsi désagréablement surpris. Je me levai à la rencontre des étrangers et leur demandai attentivement de quel droit ils avaient troublé la paix dans la maison d'un patricien de Nuremberg. Sur ce, leur chef répondit franchement qu'il était ici en vertu d'un mandat de Sa Majesté et des autorités de la ville, pour s'assurer si Junker Herdegen Schopper , qui avait fui l'interdiction impériale, se cachait ou non dans la maison de ses pères. Au début, c'était tout ce que je pouvais faire pour éviter de tomber ; mais j'ai bientôt trouvé du cœur et du courage. J'assurai aux huissiers que leurs recherches seraient vaines, quoique je leur donnai toute latitude pour faire tout ce que leur charge exigerait d'eux, seulement pour tenir compte du fait que de grands notables étaient invités dans la maison ; et puis j'ai respiré profondément et j'avais l'impression d'être comme un enfant oublié et abandonné dans une maison en feu qui voit son père se précipiter pour le sauver.

Jusqu'alors personne ne m'avait dit quel sort menaçait mon frère, et maintenant que je le savais, je me hâtai de comprendre le sens de bien des mots auxquels je n'avais prêté qu'une demi-oreille. L'absence fréquente de mon cousin à la cour, les yeux tachés de larmes et l'air étrange d'Ann, et bien d'autres choses, m'étaient désormais tout à fait claires.

Mon esprit nouvellement réveillé et mon pouvoir restauré affirmèrent leurs droits et, comme autrefois, aucun des deux ne put se contenter de savoir avec certitude ce qu'il pouvait faire.

Pendant que Susan et les autres serviteurs, accompagnés de certains des serviteurs amenés par nos invités, fouillaient la maison, j'ai enfilé à la hâte mes chaussures et mes vêtements pour l'extérieur, et même si c'était déjà le crépuscule, je suis sorti. Oui, et je tenais la tête haute et le corps droit en parcourant les rues, alors que ces dernières semaines j'avais la tête baissée en rampant ; Il me semblait qu'un changement s'était produit dans mon être extérieur aussi bien que dans mon être intérieur. Et alors que j'atteignais la maison de Pernhart , à grands pas rapides, davantage de gens m'auraient vu pour ce que j'étais en vérité : une jeune créature en bonne santé, avec une longue vie encore devant moi et remplie de force et d'assez d'esprit pour rendre de bons services. , non pas à moi seul, mais à bien d'autres, et surtout à mon frère bien-aimé.

Et quand j'étais à la fin de ma promenade et que je me trouvais devant la vieille mère, qui était maintenant guérie de sa maladie et assise droite et saine dans son fauteuil avec son plus jeune petit-enfant sur ses genoux, je sus aussitôt que j'étais arrivé à la bonne personne.

La bonne vieille dame n'avait pas tardé à remarquer ce qui me tourmentait ; bien plus, si la cousine Maud ne l'avait pas suppliée d'épargner mon âme affligée, elle m'avait révélé depuis longtemps quel péril pesait sur Herdegen . Elle n'avait pas manqué de comprendre que ma soumission lasse à des maux auxquels on ne pourrait jamais remédier avait brisé ma puissance et ma volonté d'accomplir ce qu'il y avait de bien en moi. Et maintenant, je me tenais devant elle, libéré de cette somnambulisme de volonté, avide de connaître toute la vérité, et me déclarais prêt à faire tout ce que j'avais en moi pour atteindre une seule chose, à savoir sauver mon frère. Sur ce, j'appris des lèvres de la vénérable dame que j'étais désormais bien la vieille Margery, bien que la cousine Maud l'ait récemment nié, et avec raison ; et la vieille femme avait raison, dans la mesure où plus le danger paraissait terrible et invincible, plus mon courage augmentait et plus mon esprit grandissait. Maintenant aussi, j'appris que ce que j'avais pris pour une faiblesse amoureuse chez Ann n'était qu'un mal de cœur trop bien fondé ; et qu'elle aussi, de son côté, n'avait pas chômé, mais que, sous la conduite de la cousine Maud et de l'oncle Christian, elle avait remué ciel et terre pour secourir son amant, quoique hélas ! en vain.

En vérité, la cause était pour ainsi dire perdue ; et l'oncle Christian, qui espérait toujours le meilleur, ne cachait pas que, dans le cas le plus favorable, Herdegen devait recommencer sa vie dans un pays lointain. Pourtant, ni Ann ni moi n'étions disposés à laisser notre courage échouer, et c'est à ce moment-là que notre amitié a fleuri de nouvelles fleurs. Nous nous sommes battus pour ainsi dire côte à côte, camarades de lutte, pleins d'amour l'un pour l'autre et d'amour pour mon frère ; et quand je lui disais adieu et qu'elle désirait rentrer chez moi avec moi, tous ceux qui habitaient la maison du chaudronnier étaient du même avis que pourraient l'être les hommes dans une ville assiégée, qui était sur le point de céder et puis, tout d'un coup, J'ai vu les renforts approcher avec des banderoles agitées et un coup de trompette.

En vérité, il y avait un combat astucieux à mener ; et la forteresse qui devenait de jour en jour plus difficile à conquérir était monseigneur le connétable en chef, l'électeur Frédéric ; son pair, l'électeur de Maintz , a tout mis   sur   lui   lorsque le cardinal Branda, qui était le bienveillant patron d'Ann, a imploré sa miséricorde.

Jusqu'à ce que je sois incité à ces nouveaux soins dans la vie, je n'étais jamais allé à la cour, malgré les nombreuses invitations gracieuses de ma dame, la reine. Mes supplications ne trouvèrent aucune réponse, et lorsque la reine Barbara m'accorda audience à ma demande, bien qu'elle me reçut gracieusement, elle ne voulut pas m'écouter. Elle aiderait volontiers, dit- elle, mais elle devait, comme tous, obéir aux lois ; et enfin elle avoua librement que sa bonne volonté ne résisterait pas aux exigences de l'électeur de Brandebourg. La grandeur de ce prince sage et puissant fut clairement exposée sous nos yeux ce même jour, car à lui, en tant que commandant en chef de la croisade destinée à être envoyée contre l'hérésie hussite, l' épée de l'empereur fut solennellement remise dans l'église. de Saint Sebald . Elle lui fut ceinte par les révérends évêques, après qu'il eut reçu de la main du légat du pape une bannière que Sa Sainteté avait elle-même bénie, et que le comte de Hohenlohe portait devant lui en sortant.

Il était évident qu'il serait difficile d'obtenir la parole auprès d'un si puissant seigneur à un moment pareil ; Cependant, je pus parler en privé au moins avec son chambellan, et c'est par lui que j'appris quel péril mon frère courait, car non seulement le père du Junker était déterminé à le faire subir un châtiment extrême, mais également un petit nombre de gens de Nuremberg. , qui avait autrefois été lésé par l'orgueil excessif de mon frère.

Tous ceux qui l'avaient rencontré dans la rue avec un livre sous le bras, ou l'avaient vu tard dans la nuit, à travers la vitre éclairée, assis sur ses papiers et ses parchemins, étaient prêts à témoigner de son étude du monde. arts noirs. Ainsi, la diligence dont il avait toujours fait preuve à travers toutes ses voies sauvages fut tournée vers sa destruction ; et il en était de même avec la libéralité généreuse qui l'avait toujours marqué, parce que les pauvres, à qui il avait jeté un lourd ducat au lieu d'une mince pièce de cuivre, racontaient l'allocation du diable qu'il avait reçue, et comment que la pièce avait brûlé dans sa main. Nay et Eppelein se vantaient de l'or que son jeune seigneur avait dilapidé à Paris et dont il avait rempli les poches de son valet, donnaient du poids à cette mauvaise calomnie. Beaucoup de gens pensaient avec certitude que Satan lui-même avait été son trésorier.

Ainsi, un mot léger, prononcé d'abord comme une figure de style par le chevalier von Rochow , était devenu une accusation contre lui, assez lourde pour détruire l'honneur et la liberté d'un homme qui n'avait pas d'amis, et même pour l'amener au miser; et je sais bien que plus d'un se réjouissait d'avance à l'idée de voir ce noble jeune homme, avec toute sa bravoure, debout, coiffé d'un bonnet pointu, la langue du diable pendue autour du cou, et haletant au milieu des flammes léchantes.

CHAPITRE V.

La Diète était presque terminée, et pourtant nous n'avions rien pu gagner en faveur de Herdegen . Un jour, ma tante de la forêt, qui avait marqué toutes nos actions avec de sages conseils et une chaleureuse bonne volonté, nous fit dire que celui aux paroles puissantes duquel dépendaient le bonheur ou le malheur d'Herdegen , l'électeur Frédéric lui-même, avait promis de lui rendre visite à la Loge le lendemain pour la fin pour qu'il puisse chasser et que nous y allions immédiatement.

Au moment où nous y sommes descendus, Son Altesse était déjà venue et partie chasser le cerf ; c'est pourquoi nous l'avons suivi en secret, et sur un signe de l'oncle Christian, nous sommes sortis des broussailles et nous nous sommes tenus devant lui. Bien qu'il ait essayé de nous échapper avec beaucoup de diligence et une grande ruse, nous ne l'avons pas laissé partir et nous l'avons suivi, le serrant si étroitement qu'il a ensuite déclaré que nous l'avions mis à l'écart comme une bête traquée. En vérité, aucun ours ni blaireau n'a jamais trouvé plus difficile d'échapper aux chiens que lui, à ce moment-là, de fermer les yeux et les oreilles contre des yeux brillants et des langues de femmes rendues éloquentes par Dame Amour elle-même. De plus, mon costume de deuil, porté comme il l'était pour un jeune qui s'était tenu au-dessus de la plupart des autres dans son amour, aurait retenu toute parole dure sur ses lèvres ; ainsi il lui fit comprendre une fois de plus que le pouvoir d'Ève n'était pas encore complètement disparu. Pourtant, nous étions loin de croire à une telle puissance en nous-mêmes, comme nous le faisions devant ce grand et puissant souverain, dont la dignité virile, calme et en même temps paternelle le rendait, à mon avis, plus majestueux que le grand mais inquiétant empereur.

Je le vois debout, son pied botté sur le cou du cerf, et tournant sa noble tête aux longs cheveux gris et lisses, nous regardant de ses grands yeux bleus, d'abord gentils, puis avec dépit et bien-être. presque en colère.

Nous avons serré nos mains sur notre cœur, nous efforçant de nous rappeler quelques-uns des mots que nous avions médités avec l'intention de les prononcer pour défendre Herdegen . Et notre amour et notre ferme intention de gagner grâce et miséricorde pour lui nous sont venus en aide ; et tandis que la première enquête de milord était de savoir si j'étais cette maîtresse Margery Schopper qui avait été fiancée à son cher Hans Haller, parti trop tôt, mes yeux se remplirent de larmes, mais le souvenir des morts me donna du courage, de sorte que j'osai Je rencontrai le regard du grand homme et j'étais très heureux de constater que les mots que j'avais oubliés dans ma peur me revenaient maintenant librement à l'esprit. De même il me semblait qu'en surmontant mes propres peurs, j'avais vaincu celles d'Ann ;

alors qu'elle était pâle et sans voix, accrochée aux plis de ma robe, elle se dressait maintenant hardiment à mes côtés.

Puis, lorsque je l'eus présentée à Son Altesse comme la promise de Herdegen , dont il était amoureux depuis leur enfance, je fis savoir à Sa Seigneurie que ce n'était pas le désir de mon frère, mais celui de mon grand-oncle, que Ursula devrait être sa femme. De même , je m'efforçai de libérer mon frère de la charge de fabriquer de l'or, en démontrant avec diligence que le vieux chevalier lui avait toujours fait pleuvoir des ducats pour le séduire à sa volonté. Ensuite, je parlai longuement de l'habileté de Herdegen avec l'épée, et sur ce, Ann osa dire qu'il serait bien de demander à son amant de revenir en sécurité à Nuremberg, et de le laisser là faire la preuve de son habileté avec une arme spécialement bénie. par monseigneur le cardinal Julianus Caesarinus , légat du pape, qui ne pouvait avoir aucune trace d'arts diaboliques.

Ainsi avons-nous exprimé tout ce que nous avions médité auparavant ; et bien que l'Électeur ait d'abord répondu avec colère, et même fait semblant de nous tourner le dos, chaque fois que nous essayions de le retenir. Bien plus, même si nous avions fini, il avait retiré son pied du cou du cerf, et enfin nous retournâmes avec lui à la cabane forestière, à moitié amusés et à moitié attristés par les paroles moqueuses avec lesquelles il nous tourmentait. Puis il nous a demandé de le quitter, en promettant qu'il examinerait à nouveau l'affaire de ce jeune criminel.

À l'intérieur, le souper était maintenant prêt, mais nous, comme il nous convenait, restâmes à l'écart. Le cas de mon frère était désormais entre de bonnes mains, dans la mesure où mon oncle Conrad et Christian étaient assis à table avec monseigneur. De même, nous étions très réconfortés, tandis que ma tante nous racontait que le chevalier aîné, le père du Junker Henning von Beust , qui se trouvait ici à la suite de l'électeur, lui avait dit de son plein gré qu'il regrettait maintenant si violemment son acte. accusant Herdegen , parce que son fils, désormais hors de danger, l'avait instamment supplié de sauver cet homme dont l'habileté était vraiment une merveille, et avait également dit que celui que Hans Haller avait honoré de son amitié ne pouvait pas pratiquer arts noirs. Il me tenait également à cœur en tant que jeune fille veuve avec laquelle son ami devait se marier, et il ne pourrait jamais se pardonner si un nouveau malheur m'arrivait à cause de lui ou de ses amis et parents.

Tout cela est en effet une bonne nouvelle, non seulement pour le bien d'Herdegen , mais aussi parce qu'il y a peu de joies plus grandes que celle de trouver de bonnes raisons d'approuver quelqu'un que nous respectons et pourtant dont nous avons commencé à douter.

Ann et moi sommes allés dans notre chambre très réconfortés et avec autant de bon cœur que je pouvais l'être à ce moment-là, et quand de là j'ai entendu la grande voix de l'oncle Christian, aussi pleine de gaieté que jamais, j'ai été certain que tout était pour le mieux. mieux pour Herdegen . Nos dernières craintes et nos derniers doutes furent bientôt dissipés ; tandis que les messieurs en bas étaient encore autour de leur tasse, un pied lourd monta l'escalier d'un pas lourd, un doigt dur frappa à la porte de notre chambre, et la voix grave de l'oncle Christian cria : « Êtes-vous endormies de bonne heure ou êtes-vous encore éveillées, jeunes filles ?

Sur quoi Ann, de bon augure, répondit dans la joie de son cœur que nous dormions depuis longtemps doucement, et mon oncle rit.

"Bien, bien," dit- il, "alors dormez et laissez-moi vous dire quel sera votre prochain rêve: vous vous tiendrez avec nous tous dehors dans un pré vert, et un petit oiseau chantera: " Herdegen est libéré de son interdiction. Vous vous réjouirez grandement de cela, mais au milieu de votre joie, un corbeau croassera sur une branche sèche : "Est-ce possible ! La loi doit être respectée, et je ne laisserai pas ce coquin rester impuni." Sur quoi le petit oiseau gazouillera à nouveau : "Bien, bien, cela lui servira bien. Seulement ne sois pas trop dur avec lui." Et nous dirons tous la même chose, et là-dessus vous vous réveillerez.

Et il redescendit l'escalier d'un pas lourd, et bien que nous pleurions après lui et le suppliions de nous en dire davantage, il ne nous entendit pas du tout.

Quand nous étions de retour à la maison, nous constatâmes que l'Électeur avait fait beaucoup pour nous aider. Je trouvai une lettre qui m'attendait, scellée du cachet de l'Empereur , dans laquelle il était dit que, par la grâce et la miséricorde de Sa Majesté, mon frère Herdegen avait été purgé de sa proscrite, mais condamné à une amende de mille ducats hongrois pour peine et peine. peine.

Ainsi, le petit oiseau et le corbeau avaient tous deux raison. Cependant, alors que je me conduisais au château pour remercier l'Impératrice, on me refoula ; et en effet , on m'avait déjà dit qu'à la cour ce matin, cette triste Margery, avec ses nombreuses requêtes, était regardée avec d'autres yeux que cette autre Margery joyeuse, qui était venue avec des fleurs et des chansons chaque fois qu'elle était invitée. Seul Porro, le bouffon, semblait toujours du même avis ; lorsqu'il me rencontra dans la cour du château , il me salua très gentiment et, lorsque je lui eus annoncé la nouvelle de la lettre de l'Empereur, il me murmura en me souhaitant le bonjour : « Si j'avais un renard pour frère, belle enfant, Je lui conseillerais de se cacher dans sa couverture jusqu'à ce que les chiens soient de nouveau en sécurité chez eux. En Hongrie, j'ai rencontré un jour un certain type à qui un voleur de route avait donné des coups de pied après avoir vidé ses poches. Je vous dis quoi. Un homme peut très bien mettez en gage son dernier pourpoint, s'il peut ainsi en gagner un plus grand. Il n'a jamais besoin de racheter le premier, et il est donné à certains de frapper des ducats d'or pour les péchés des plus humbles. Ah ! Si j'avais un renard pour frère !

Il chanta pour lui-même les dernières paroles, et disparut en apercevant certains personnages de la cour.

Maintenant, j'ai pris cet avertissement bien intentionné comme il était prévu ; et même si Ann et moi avions le cœur brisé par l'envie de voir Herdegen et de le libérer de sa cachette, nous avons néanmoins fait preuve de patience. Les tuteurs légaux de nos biens, avec le consentement de mon oncle, prirent le cautionnement de ma cousine Maud et se montrèrent prêts à payer l'amende sur l'argent laissé par nos parents, au trésor impérial. Et ce qui suivit nous montra combien l'avertissement du Fou avait été sage.

Le chevalier Sir Apitz von Rochow , qui avait été le second de Junker Henning dans le combat, restait encore à Nuremberg, et ce jeune grossier et arrogant s'était consacré avec une telle bonté de cœur aux soins de son jeune cousin, d'abord à à la maison du curé d' Altenpero et ensuite à la Deutschhaus de la ville, qu'il n'avait pris aucun repos, ni jour ni nuit, jusqu'à l'arrivée du père du Junker, et alors il tomba dans une violente fièvre. Ce n'est que récemment que la sangsue lui avait permis de sortir, et sa première promenade fut chez nous pour me montrer son chagrin pour mon chagrin et pour remercier ma cousine pour de nombreuses bagatelles agréables qu'elle lui avait envoyées et les Junker pendant leur maladie, pour les rafraîchir. En même temps , il éclata dans une colère vive et sans réserve contre Sir Franz von Welemisl et nous fit savoir qu'il lui en voulait de tout son cœur à la belle Ursula, dont il avait lui-même réclamé si diligemment la faveur depuis les premiers jours de la guerre. Régime. De notre maison, il se rendit chez les Tetzel , puis lui et le bohémien en vinrent aussitôt à des paroles orgueilleuses et à des regards de défi.

Peu de temps après, et quelques heures seulement après que l'amende de mon frère eut été versée au Trésor, les deux jeunes messieurs se rencontrèrent dans la cave à vin des nobles près du Frohnwage , et von Rochow , échauffé par le vin et sans se soucier de la modération ni des manières, commença à narguer la fiancée d'Ursula. Après lui avoir fait remarquer qu'il avait laissé à Herdegen le soin de ramasser le gant, « qu'il avait peut-être cru être d'un cuir trop épais », ce à quoi l'autre répondit convenablement, il s'enquit, puisqu'ils parlaient de mariage. , si l'Église, qui défend l'union des plus proches parents, n'a pas également le pouvoir d'empêcher une jeune et épanouie jeune fille de se lier pour la vie à un mari malade. Un tel discours était désagréable à cause de la présence du bohémien : et le Junker alla encore plus loin, jusqu'à ce qu'à un discours prononcé par le vieux maître Grolaud , il répondit en demandant quel pourrait être alors le devoir d'un prêtre, si le marié malade ne parvenait pas à le faire. dire « oui » à l'autel à cause de sa toux ? Et tout en parlant , il lançait un regard de défi à Welemisl .

Le sang chaud du bohémien lui monta au cerveau ; Si jamais quelqu'un pouvait l'en empêcher, son couteau était enfoncé jusqu'à la garde dans l'épaule de l'autre. Tous s'empressèrent d'aider le Brandebourgeois , et quand bientôt certains se tournèrent pour arrêter le criminel , on ne le voyait plus.

Cet acte effroyable provoqua une juste consternation, et surtout à la Cour, dans la mesure où le chambellan et la demoiselle d'honneur qui accompagnaient de près Leurs Majestés étaient des parents proches du Bohémien, dont la mère était de la noble maison hongroise de Pereny .

Quant à l'Empereur, il entra dans une grande fureur et menaça d'annuler les armoiries du meurtrier et de le punir de mort. Jamais dans la paix de son royaume, et même sous ses yeux, autant de sang noble n'avait été versé dans de viles bagarres qu'ici, dans notre sobre ville, et il ferait immédiatement un exemple des coupables. Il ferait payer au jeune Schopper une pénalité bien plus qu'une simple amende, à laquelle il promit sa parole royale, et quant au jeune Welemisl , il avait l'intention de concevoir une punition qui devrait empêcher plus d'un chevalier trop audacieux de tirer son épée ! Et il ordonna que non seulement ses propres agents et hommes d'armes, mais également les huissiers de la ville, recherchent et prennent immédiatement ces deux jeunes gens.

Deux jours plus tard seulement, Sir Franz fut amené par la garde de la ville ; il s'était habillé avec des vêtements de wagonnier, mais s'était trahi dans une taverne de Schwabach par sa toux. Cependant, Sa Majesté avait désormais changé d'avis ; bien plus, la reine Barbara lui laissa moins de paix que même les gens de la cour, car en effet son père, le comte Cilly , était un proche parent des Pereny et, par eux, des Welemisl .

L' empereur Sigismond était un prince noble et facile à vivre qui, un jour, après avoir versé quarante mille ducats dans son coffre au trésor toujours vide, le partagea aussitôt entre ses amis, en disant : « Maintenant, je vais bien dormir, pour cela. qui a rompu mon repos, tu l'emportes avec toi. Et cet homme au cœur léger, qui était toujours ballotté çà et là contre sa volonté, voyait maintenant que sa paix était en mauvaise condition à cause de Sir Franz. C'était pénible à supporter ; et tandis que sa royale épouse rappelait à une heure heureuse que Welemisl avait été extrêmement provoqué par le mépris de Rochow , et qu'il avait commis cet acte sans méchanceté mais, chauffé au vin, dans une rage soudaine, et qu'il était bien plus digne de miséricorde que le jeune Schopper , qui avait versé du sang noble avec une intention coupable, comptant sur son talent d'épéiste, l' empereur se rendit en toute discrétion. En cela, il fut confirmé par son secrétaire privé, Caspar Slick, que la reine avait séduit ; et cet homme, instruit en droit, était prêt à prendre une décision que le magistrat impérial accepta volontiers, comme douce mais suffisante. Les choses étaient en résumé les suivantes : Il y a environ dix ans, le chevalier Endres von Steinbach avait tué un citoyen de Nuremberg dans une bagarre avec la ville, et avait ensuite fait la paix avec le conseil sous le conseil de l'abbé de Waldsassen : en prenant sur lui-même, comme acte de pénitence, de faire un pèlerinage à Vach et à Rome, d'élever des croix de pierre dans quatre couvents, et désormais de rendre service à la ville dans toutes les querelles, en sa personne, avec une confrérie de dix lances pendant l'espace de deux ans. Il avait dûment fait tout cela, et il arriva que l'empereur condamna maintenant le bohémien et mon frère à faire un pèlerinage, non seulement à Rome, car leur culpabilité était plus grande que celle de Steinbach, mais également à Jérusalem, au Saint-Pierre. Sépulcre et autres lieux sacrés. Welemisl devait payer la même pénalité en argent que celle qu'avait payée Herdegen , et en contrepartie du fait qu'ils avaient ainsi fait expiation pour le sang qu'ils avaient versé, et que leurs victimes avaient échappé à la mort, ils furent libérés du sort de la hors-la-loi. Au retour de leur pèlerinage, ils devaient être restitués à leur rang et à leurs domaines, ainsi qu'à tous leurs droits, seigneuries et privilèges.

Peu de temps après que cette sentence fut prononcée, la cour quitta Nuremberg, passant par Ratisbonne, où l' empereur s'efforçait de régler sa querelle avec le duc de Bavière, puis par Vienne ; mais avant de partir, il donna des ordres stricts au magistrat en chef de veiller à ce que les deux criminels ne partent pas en pèlerinage plus de vingt-quatre heures après la déclaration de leur condamnation.

SIGNETS DE L'ÉDITEUR ETEXT :

Pour moi, tout était pareil.
Fruits, tartes et friandises pour les petits de la maison. Ne sommes-nous pas tous nés imbéciles ?